JN034230

国際海洋法

［第三版］

島田征夫・古賀 衛
佐古田 彰・下山憲二
［著］

有信堂

第三版はしがき

議長が表決を宣言しグラベル（木槌）を叩いたら、壁の掲示板が点灯し、国名横のランプが次々と点き始めた。青や黄色、そして赤、とてもきれいだった。そして、上段にある数字がみるみる大きくなっていった。130－４－17。人々が一斉に立ち上がって拍手し議場は騒然となった。1982年４月30日、国連海洋法条約が採択された瞬間だった。

第３次国連海洋法会議が1973年12月に始まってから10年、その前にマルタのパルド大使が国連総会で公海下にある深海底を「人類の共同遺産」として国際管理制度を作ろうと提案してから15年が過ぎていた。長い交渉の末に、320条の本文と４つの附属書が採択された。1994年の世界貿易機関（WTO）協定まで、史上最長の条約の成立だった。私たちは、議場のオブザーバー席に座っていた。国連海洋法条約が目の前で採択された。それだけで感動していた。

第３次会議が始まった1973年ころは領海と漁業水域の見直しが議論の中心となり、生物資源保護を主目的とする排他的経済水域(EZ)制度がアフリカグループから提案された。開発途上国は、当初アフリカ、南米、アジアごとに地域グループを構成していたが、この会議をきっかけに「グループ77」を形成した。グループ77は77の開発途上国から始まったが参加国を増やしおよそ130の国からなる勢力となっていた。先進国は沿岸国が圧倒的に管轄権を拡大するEZの導入に批判的であったが、米国が海峡の自由な通過通航を保証されることを条件にEZ制度を認めたことによって急激に流れが変わった。日本は第２会期までEZに反対し、エクセプト・ワン（Except One）と呼ばれるほど孤立し、EZを認めざるをえなくなっていた。

EZをめぐる議論が決着を見つつあった1974年ころ、私たちは海洋法の研究を始めた。当時は、領海、海峡通航、排他的経済水域などの議論が盛んで多くの研究者の目もそちらに向いていた。私たちは、いわば海洋法研究の後進組で、その議論に参入する余地は残っていなかった。私たちは関東の若手研究者からなる研究会に属していたが、その共同研究として海洋法を研究することになった。そして、分担テーマが割り当てられたが馴染みのテーマはすでに他のメンバーに割り当てられていた。そこで残っていたのが私たちのテーマとなった。すなわち、島田は当時専任講師になったばかりで名前に「島」があるからということで「群島国」を割り当てられ、古賀は大学院博士課程に入ったばかりの学生で誰も引き受け手がない「深海底」をやれと言われた。私たちは別に研究テーマを持っていたが（国際人権と法源論）、責任を果たすため割り当てられたテーマに取り組んだ。

1976年3月、私たちはニューヨークに居た。海洋法は経済的利害関係が深く、とくに影響の大きい経済団体が会議の進捗をモニターするために研究者または調査員を派遣していた。島田は、商船の団体である「船主協会」から運輸省に推薦され、古賀は深海底開発に関心を持つ企業の団体である「深海底鉱物資源開発協会」から通産省に推薦されて日本代表団のメンバーに入れてもらった。偶然の成り行きからであったが、直接国連本部に行き交渉を目の前にして研究を進める機会を得たことは非常に幸運であった。

第4会期（1976年春）、深海底制度を交渉する第1委員会の議論は、国際機関を設けて独占的に開発を実施する直接開発方式（途上国案）と、国際機関が国または私企業にライセンスを与えるライセンス方式（先進国案）の間で対立し膠着状態にあった。その中で米国は、代表団の長にキッシンジャー国務長官が就任した。大統領補佐官としてベトナム戦争の終結、中国と米国の国交樹立、第4次中東戦争の終結など次々と外交成果を上げ、すっかり有名になっていた人物で、国務長官に就任するや、開発途上国と西側先進国の間で膠着状態にあった海洋法会議に乗り込んで来たのであった。

彼はこの会期で「海洋法における米国の政策」という声明を出し、その中で国際機関が先進国企業にライセンスを与えて開発を進めるとともに、先進国企業が技術と資本を提供して国際機関が直接開発するパラレル（並行開発）方式を提案した。先進国企業が開発を進めながら、その利益を使って国際機関による開発を促進するという現実的な提案で、これによって開発途上国も深海底開発に参加できるというもので、対立は一気に解決するように見えた。しかし、それは新しい混乱の始まりであった。

第３次海洋法会議は、資本と開発技術を握る欧米諸国と会議の圧倒的多数を握る開発途上国の対立によって何度も暗礁に乗り上げながら1982年まで10年間続いた。1958年と1960年に各々１会期だけで終わった第１次、第２次海洋法会議と大きな違いであった。それは、対立する利害を負いながら、なんとか世界に共通する一元的秩序を創ろうという諸国の総意が働いたからだった。そのため、会議は表決による決定をせずにコンセンサス（積極的反対がない合意）による決議を積み重ねながら毎年１、２回１か月余りの会期を10年間繰り返した。最終段階になった1981年、アメリカの新大統領レーガンは、強いアメリカの復活を標榜し、それまでの海洋法の議論を見直してアメリカの主張を復活させた。

1982年３月、海洋法会議は前年にアメリカが出した見直し案（グリーンブック）を中心に水面下の交渉を続けた。同年４月、各国は、自国の主張をあらためて確認する公式修正案を出したが、会議の分裂を避けるため記録にとどめるだけで撤回した。議長はなんとかコンセンサスで条約を採択しようとギリギリまで調整を行ったが合意に至らず、会期最終日の４月30日アメリカ代表が要求して記録投票が行われた。反対は４票（米国、トルコ、イスラエル、ベネズエラ)、棄権は17票、ソ連ほか東欧諸国と英独ほか西欧諸国であった。賛成派130票。日本、フランス、カナダは賛成した。アメリカは、表決の後の発言で反対理由を言明した。深海底制度を扱う条約第11部が生産制限、技術移転など自由主義に反する制度を設けているというのがその主な理由であった。

こうして、海洋法会議はすべての国の総意で条約を成立させるという理念を実現することはできなかった。米国は今でも条約に加入せず、深海底制度は分裂したままである。深海底開発については国際海底機構が管理しているが、米国の動向は分からない。

海洋法条約が採択されたころ、海洋法条約が発効するには20年以上かかるだろうと言われた。だが、条約は60番目の批准書が寄託されて1994年11月16日発効した。今では、棄権した東欧、西欧諸国も含めて168か国が当事国となっている。今日では、海洋法条約の規定を補う条約が多数結ばれ、全体として現行の海洋法が成立している。

本書は、『国際海洋法』としては第3版であるが、そのベースとなった『海洋法テキストブック』(2005年) から数えて第4版となる。『海洋法テキストブック』は、簡潔でありながら専門的レベルの教科書を作ろうと故林司宣教授が呼びかけて出版された。林教授は、法政大学教授を経て国連本部に勤務し、海洋法条約の成立を機に国連事務局に設けられた海洋法課長に任ぜられ、その後早稲田大学に奉職された。私たちが海洋法会議に参加してニューヨークに行った時、国連本部ビルの30階くらいにあった林教授の事務室をたびたび訪れたのも懐しい思い出である。

初版は林教授と島田が編者となり、林教授の豊富な人脈を使って海洋法の専門家が執筆した。学生向け教科書は多いが、これほど各章の仕事に直接携わった人を集めて書かれた概説書は珍しい。『国際海洋法』の初版は、その伝統を引き継いで『テキストブック』を改訂しながら準備した。その後第二版を出したが、少しの改訂にとどめた。今回は亡くなられた林教授の遺志を引き継いで使いやすい教科書として『国際海洋法　第三版』を出すことにした。今回は、勤務校で第二版を教科書として講義をされている佐古田、下山教授に加わっていただいて大幅に改訂した。お2人にお願いしたのは、講義を通して本書の問題点に気づいておられるので本書のさらなる改善が期待できるからである。さらに、教科書改訂の一区切りとして巻末に各版の執筆者名を掲載してご貢献に感謝することにした。

最後になったが、本書の改訂を許して頂いた有信堂高文社社長の髙橋明義氏には、様々な無理をお願いした上に原稿の大幅な遅れにもご海容いただいた。お蔭で、コンパクトながら海洋法の全体像を理解できる教科書を学生諸君に提供することができることとなった。ここに記して心から御礼申し上げたい。

2023年5月吉日

島田 征夫
古賀　 衞

国際海洋法〔第三版〕／目　次

第1章　総　論

第1節　国際法と海洋法

国際海洋法とは、通常、海洋法と呼ばれ、海洋に関連する国家間の関係を規律する法規制および原則、すなわち海の資源、スペース、環境等に関する国際公法を指す。したがってそれは、海や船舶を通した商取引、船舶の運航に伴うさまざまな国境を越えた私人の間の問題等を扱う海商法ないし海事法とは区別される。しかしながら、後述するように歴史的には、海洋法は、近代主権国家成立のはるか以前における、海を媒介した海運・海事関係にかかわる慣習法の影響を強く受けている。

1　海洋法の法源

海洋法は、国際法の一部である以上、その法源すなわちその存在形態は、国際法一般と同様に、おもに条約および慣習国際法である。条約は国家間の明示的合意であり、条約のほか、憲章、協定、取決め、議定書などの名で呼ばれることもある。条約は、通常署名に加えて批准を行った国のみを締約国として扱い、拘束するが、国連海洋法条約のように、署名することなく加入手続のみで締約国となる方式も通常認められている。条約の締約国と非締約国との間では慣習法が適用される。ただし、国際社会全般に広く受け入れられる条約は、その全体または一部が慣習法化し、すべての国を拘束するに至ることもある。

慣習法は、一般的な慣行で諸国家が法的性格を有するという「法的確信」を持つに至ったものをいう。このさい、すべての諸国の慣行が対象とされる必要は必ずしもなく、通常当該問題について最も関係の深い諸国の一貫した慣行に重点が置かれる。

これら以外にも、国際司法裁判所は、「文明国が認めた法の一般原則」を適用することもできる（国際司法裁判所規程38条(1)(c)）。そのような一般原則の例として、しばしばエストッペル（禁反言）の原則があげられる（2015年チャゴス諸島海洋保護区事件附属書Ⅶ仲裁裁判所判決参照）。

なお、海洋法の法源そのものではないが、国際司法裁判所は、法規則決定の補助手段として、裁判所の判決や優秀な国際法学者の学説を用いることもできる（同規程38条(1)(d)）。この点、国際司法裁判所はこれまで数多くの海洋法関連の事件を扱い、判例法を積み重ねてきている。これら判決は当事者間において、かつ当該事件に関してのみ拘束力を有するものとされている（同59条）が、実際には、裁判所はこれら判例法を新たな事件判決の論証手段としてしばしば利用しており、同様の態度は国際海洋法裁判所や国際仲裁裁判所など他の裁判所においても見られることが注目される。

海洋法に関する条約には、多数国間条約だけでも数多くのものがあるが、現在効力を有するおもなものには、まずいわゆる1958年ジュネーブ４条約、すなわち「領海及び接続水域に関する条約」（領海条約）、「公海に関する条約」（公海条約）、「大陸棚に関する条約」（大陸棚条約）および「漁業及び公海の生物資源の保存に関する条約」（公海生物資源保存条約）、ならびに1982年の「海洋法に関する国際連合条約」（国連海洋法条約）および1994年の「1982年12月10日の海洋法に関する国際連合条約第11部の規定の実施に関する協定」（〈国連海洋法条約第Ⅺ部〉実施協定）がある。さらに、1993年の「保存及び管理のための国際的な措置の公海上の漁船による遵守を促進するための協定」（公海漁船遵守協定ないしコンプライアンス協定）および1995年の「分布範囲が排他的経済水域の内外に存在する魚類資源（ストラドリング魚類資源）及び高度回遊性魚類資源の保存及び管理に関する1982年12月10日の海洋法に関する国際連合条約の規定の実施のための協定」（国連公海漁業実施協定）がある。その他、海洋法の特定分野に限られた条約には、国際海事機関（IMO）において採択される船舶の航行、安全、海洋環境保護等に関するもの、国連食糧農業機関（FAO）の関係する漁業分野のもののほか、国際原子力機関（IAEA）や国連環境計画（UNEP）等の国連機関において採択される条約があり、さらに、特別の海域または特定魚種や海洋環境に関する関係諸国間の諸条約が存在する。さらに、２国間条約については、海洋境界画定、漁業協力、石油・ガス開発等さまざまな問題について規定した無数のものがある。

2　海洋法の適用

海洋法の適用については、国連海洋法条約の前文に「この条約により規律されない事項は、引き続き一般国際法の規則及び原則により規律される」と明記し、条約に規定のない事項については慣習法が適用されることを確認している。また、同条約は167か国（パレスチナ国を含む）と欧州連合（EU）が締結している（2023年３月末現在）が、非締約国相互間および締約国・EUと未締約国との間では当該条約規定が慣習法化されていない限り適用されないことはいうまでもない。

また、海洋法に関する多数国間および２国間の条約は、上述したように数多く存在しており、将来にも多く締結されるであろうが、ことに海洋法条約の規定と同一の問題を扱っている場合には、これらの諸条約と海洋法条約のいずれが適用されるべきかが問題となる。海洋法条約311条は、こうした問題に関する一連の規則を設けている。まず、ジュネーブ４条約の規定については、海洋法条約がそれらに優先する（同条(1)）。したがって、たとえば大陸棚条約と海洋法条約の双方の締約国間では、両条約が同一事項について規定している場合には、後者の規定が優先する。ただし、前者のみの締約国と両条約の締約国の間では、前者が適用される。また公海生物資源保存条約の扱う事項に関しては、同条約の非締約国（たとえば日本）と締約国（たとえばオーストラリア）との間では、両国ともに締約国である海洋法条約が適用される。

つぎに、海洋法条約の締約国が同条約と両立する他の条約の下で負う義務や、享受する権利は、それらが他の海洋法条約締約国の権利義務に影響を及ぼさない限り、変更されることはない（同条(2)）。すなわち、海洋法条約はそれらに代わって適用されることはない。同規定は、海洋法条約と両立する既存の条約を原則として維持することを狙ったもので、そのような条約の例としては、海洋法条約74条または83条の規定に沿って締結される排他的経済水域または大陸棚の境界に関する多くの２国間協定があげられる。

なお、複数の海洋法条約締約国は、相互間の関係に適用される限り、同条約の特定規定を適用しない旨の協定を締結することができるが、そのような協定は同条約規定からの逸脱が同条約の趣旨・目的の効果的な実現と両立しないものであってはならず、また同条約の基本原則の適用に影響を及ぼし、または他の締約国による同条約に基づく権利義務に影響を及ぼすものであってはならない（311条(3)）。

3　海洋法の主体

海洋法の主体、すなわち海洋法上の権利能力を享有するものは、原則として国際法一般と同様、おもに主権国家および一部の国際機構である。しかし、台湾は、国連においては中国の一部として扱われ、ほとんどの国が独立した主権国家と認めていないにもかかわらず、とくに国際漁業において実際上主要な位置を占めているため、海洋法上、とくに漁業関係の条約において、ある程度の権利能力を持つ「漁業主体（fishing entity）」として扱われることがある。

EUのような特殊な地域的国際機構は、その構成国とは別個の主体として海洋法条約や一部の関連条約に加入しているが、それらは当該機構の設立条約等が付与する限られた分野における権能のみを有する。そのような分野においては、構成国は、他の締約国との関係において国としての権限を行使し得ない。EUは多くの海洋法関係の条約について、関係事項に関する権能をその構成国から委譲されており、構成国に加えて、別個の主体として条約を締結する資格を与えられている。EUはまた、条約の締約国会議等においても締約国と同様に独自の席を有し、通常、全構成国を代表して発言する。

また、第8章および第12章においても見るように、海洋法条約は、その下に設立した国際海洋法裁判所に11人の判事から構成される海底紛争裁判部を設けたが、同裁判部が扱う紛争には、国家のほか、国際機構、国際海底機構に属する事業体ばかりか、個人（自然人または法人）の契約者なども当事者となることができる。

4　内陸国と海洋法

海岸を有しない内陸国は、世界全体で40か国以上存在し、海洋を利用する権利に関連して特殊な地位を享有している。そもそも、内陸国の船舶の海洋航行上の権利は、主として国際連盟を通じて認められ、1958年の領海条約および公海条約において確認され、慣習法化していると見られる。海洋法条約のなかでも、17条（領海)、52条１項（群島水域)、58条１項（排他的経済水域)、87条および90条（公海）などにおいて確認されている。現在、オーストリア、スイス、ハンガリー、ラオス、モンゴルなどの内陸国は商船隊を保有している。

多くの内陸国の強い念願は、海へのアクセスの権利と、その権利実現のために、自国から海岸に至る他国（通過国）領域においての通過権を確保することである。これらの権利は、第２次世界大戦以前から、いくつかの条約において原則的に認められていたが、広く受け入れられたのは公海条約においてである。しかし同条約は、通過国は「無海岸国との合意により」通過を許与し、内陸国の船舶による海港への出入りと使用に関して、自国船舶または第三国の船舶と同等の待遇を与える、としている（３条)。つまり、海へのアクセス権の実現の仕方は、あくまでも通過国の合意が条件とされたのである。

以上の原則は、基本的に海洋法条約にも受け継がれたが、通過国の立場がより強められたようにも見える。すなわち、同条約は、「内陸国は通過国の領域においてすべての輸送手段による通過の自由を享有する」と定める（125条⑴）一方、この自由を行使する条件および態様については、両国間またはその地域の諸国間の協定による合意が必要と規定する（同条⑵)。さらに条約は、内陸国の権利と内陸国のための便益が「自国の正当な利益にいかなる害も及ぼさないようすべての必要な措置をとる権利」を通過国が持つことを明記している（同条⑶)。また、通過国が海港において内陸国船舶に与える待遇は、自国船舶と同等である必要はなく、「他の外国船舶」に与えるものと同等の待遇とされる(131条)。

内陸国が海へのアクセスを求めたのは、古くからすべての国に認められた公海における航行の自由の行使がおもな目的であったが、享有し得る自由にはそのほかにも、上空飛行、漁業、科学的調査、海底電線の敷設などの公海の自由があった。しかしながら、排他的経済水域と深海底制度の導入が大勢となった第３次国連海洋法会議においては、内陸国の要求は、従来の公海の自由に加え、新たに排他的経済水域内における漁業活動への参加権と深海底開発から生ずる利益にあずかる権利にも向けられるに至った。こうして海洋法条約においては、公海における伝統的自由が確認された（87条）ことに加え、深海底における開発活動への効果的な参加についての、内陸国を含めた途上国の特別な利益とニーズの考慮、国際海底機構の活動におけるこれら諸国への特別の配慮、などが規定されている（148条、152条、160条⑵、第XI部実施協定附属書３節⒂(d)等）。

第２節　海洋法の歴史

1　古代〜大航海時代

海を利用する人々や都市、国家等が守るべきものとされた一連の法規則の歴史は古く、古代ギリシャ時代にまでさかのぼる。同時代の地中海を利用した商業の中心はロードス島にあり、ヨーロッパとアジア諸地域間の貿易の多くは同島を中継にして行われていた。法遵守を重視したロードス人の性格は有名で、こうした海上交易において従われるべき商事慣習法が次第に発展し、それらは全体として「ロードス法（*Lex Rhodia*）」と呼ばれ、広く遵守されるに至った。

ローマ時代には海は万民法（*jus gentium*）において、「万民の共有物（*res communis*）」とされ、すべての人々に自由に開放され、私的な所有や分割が禁止されていた。ロードス法は、このように海の自由、交通の自由を尊重したローマ時代にも受け継がれ、６世紀に編纂されたユスティニアヌス法典にも「ロードス法」として明記されている。ロードス法はその後も千数百年にわたって、のちには地中海を越え、主として海上の通商関係に適用される海事法の発展に大きな影響を与えてきたのである。

中世においては、ベニス、ジェノバ、ピサ、マルセイユなどの地中海の都市国家が海洋にも勢力をのばし、各都市が法を公布し、一部は近くの海への支配権を行使した。さらに、12世紀ころには体系化した法も出始め、たとえば、当時重要な商業センターをなしていたビスケイ湾のオレロン（Oléron）島にあった海事法裁判所の判例を体系化した「オレロン法」や、14世紀の中ごろに西地中海の主要港における海事関係領事の決定等が編纂された「コンソラート・デル・マーレ（*Consolato del mare*）」が影響力を持っていた。これら文書はいずれもロードス法の影響を強く受けたものであり、後者はさらに、戦時における中立財産・積荷の保護を強調しており、これは中世の海戦において一般的に広がり、のちに交戦国による他国船舶の書類検査権の確立につながる。

また16世紀には、戦時捕獲品について審判を行っていたイギリスの海事裁判所が、今日では海洋法の一部とされる問題をも含んだ海事法を発展させた。

一方バルト海においては、15世紀からハンブルグやリューベックのようなハンザ同盟都市が法を制定し、商人もこれに従った。ハンザ同盟都市は自由貿易にとっては自由な海が有利との立場をとっていたが、デンマークがバルト海への出入り口の取締りを行ったり、イギリスが次第に沿岸漁業に対する管轄権を拡大したりし始めるなど、自由な海に対抗する勢力が見られるようになった。また、一般にはローマ法王が海の領有権を持つとされていたが、ベニスなど一部の海岸都市国家や領主に対しては、近海での警察権や裁判権が与えられ、さらに通航税や入漁料などの徴収が認められた。

15～6世紀の大航海と、とくにスペイン・ポルトガルによる植民地獲得政策の時代になると、海洋についてもその一部の領有が公然と主張され、両国が対立した。しかし両国はまもなく、ローマ法王アレキサンダーⅥ世の教書が、発見された島嶼に対する排他的権限を認めていることを根拠に、2つの条約を結んで世界の主要海域を分割しあうことで対立を収め、お互いの勢力を強固なものとした。その1つは1494年のトルデシリャス（Tordesillas）条約で、それにより、両国はカーボベルデ諸島の西約1100カイリを通る子午線で大西洋を2分し、その東側で両国が発見する陸地はすべてポルトガルに属し、西側で発見されるものはすべてスペインに属するとされ、それぞれの海域についても一定の支配権を確認している。2つ目の条約は1529年のサラゴサ（Zaragoza）条約で、これによって両国はモルッカ諸島の東19度の子午線（オーストラリア大陸をほぼ2分する）にそって太平洋を同様に分割することを約した。しかしながら、こうした2国による海洋の独占策は、16世紀末から17世紀にかけて、次第に他国のチャレンジを受けることになる。

2 海洋論争

上記のスペインとポルトガルの海洋支配に対抗して次第に海洋大国として台頭してきたのがイギリスとオランダである。中世において海洋の自由の立場をとっていたイギリスは、17世紀初頭から近海における漁業（とくにニシン漁）の独占を狙って沿岸海の領有権を主張し始めるに至った。こうして1609年に、国王ジェームズⅠ世は、北海の沿岸海域での漁業はイギリスの免許を条件とする旨の法令を発し、「イギリスの海」に対する主権を明確にし、ことにオランダ漁船によるニシン漁を免許制にした。これに対しては、対岸のヨーロッパ諸国からの反発もあり、イギリスの多くの学者は自国の立場の弁護論を展開した。

こうしたイギリスの海洋主権論、そしてスペインとポルトガルの海洋支配に正面から理論的に立ち向かったのが「近代国際法の父」といわれるオランダのグロティウス（Hugo Grotius）である。彼の主張は、まず1609年に、『自由海論（*Mare liberum*）』として出版された（これは当初著者名なしに刊行されたが、のちになって、グロティウスが1604年にオランダ東インド会社のために書いた法律書『捕獲法論（*De jure praedae*）』の第12章を構成するものであることが判明した。『捕獲法論』は1864年に発見され、1868年に出版された）。

『自由海論』において、グロティウスは、海はすべての人類にとって自由なものであり、いかなる者も領有し得ないことを説いた。そして、聖書、自然法、発見、先占、慣習等もこれを否定し得ないとした。また、国家間の法によって海はすべてのものの自由な貿易のために開放されていると説き、ポルトガルによる海上通商の制限は根拠のないものであるとし、さらに海は無限であり、漁業資源に関しても、それは海が領有の対象にならないことから当然に、独占の対象とはなり得ず、再生産可能なこれら資源はすべてのものの利用のために開放されていると主張する。こうして、『自由海論』は、古代からの多くの先例・書物や、国際法の先駆者の理論にも頼りつつ、海洋の自由をはじめて体系的に論じ、今日の公海自由の原則の基盤を築いたのである。

なお、西欧の著書にはほとんど触れられていないが、海洋航行・通商の自由の原則は、インド洋や他のアジア諸国の間においても、古くから存在していたことも忘れてはならない。古くは紀元1世紀より、ローマとインド洋諸国の間には海上通商があり、西欧諸国のアジア進出以前に海洋と通商の自由の原則はすでに慣習法となっていた。また、13世紀末のマカサールやマラッカの海事法典のように、こうした慣習法が法典化されたものもあった。グロティウスはこうしたアジアの伝統からも学び、その海洋自由論にも利用したといわれる。

さて、上述のごとく、イギリスは17世紀初頭から近海に対して、「イギリスの海」として領有権を主張していたが、グロティウスの学問的・体系的な自由海論に真っ向から理論的な反駁を試みたのが、1635年に出版されたセルデン（J. Selden）の『閉鎖海論（*Mare clausum*）』である。セルデンは、海洋は自然法・万民法上すべてのものに共有されておらず、現に中世後期から16世紀において、イギリス国王や諸国は漁業等の目的で海洋の一部に権限を行使しており、海洋は占有することも可能であり、それは海軍力で実効的に支配すれば足りると論じた。また、漁業資源について、それは再生産資源とはいえず、漁獲の自由は乱獲を招くとしてグロティウスに反論した。

3　「狭い領海」の確立

海洋の自由と領有論の論争は、その後も17世紀後半から18世紀にかけて続くが、諸国の航海と通商がますます重要性を持つにつれ、18世紀には、海洋の自由原則が一般的に広まった。他方、18世紀初頭までにはもう１つの重要な進展が見られた。それは、海洋の自由が適用される広い海とは別に、沿岸国が、自国の安全と漁業資源を確保するための近海の狭い海域を、領土の延長として主張する傾向も広まったことである。たとえばドイツのプーフェンドルフ（S. Pufendorf）は、1672年に出版された『海洋と万民法』のなかで、海洋はすべて領有できるわけではなく、沿岸海についてのみそれが可能であるとした。沿岸海域の領有をさらに理論的に弁護したのがオランダのバインケルスフーク（C. van Bynkershoek）で、彼は1703年に出版した『海洋領有論（*De dominio maris*）』で、沿岸国は陸地から軍事的に支配できる範囲の沿岸水域を領有し得るという、いわゆる着弾距離説を唱えたのである。そしてこの距離をほぼ3カイリ（1カイリは1852m）とすることに貢献したのが、イタリアのガリアニ（A. Galiani）といわれ、この距離は、砲弾の到達距離を正確に測ったものではなく、合理的な基準として採用したとされる。

その後、産業革命と植民地拡大の時代には、沿岸から３カイリまでの海域の領有主張が広まる一方、イギリスは、世界最強の海軍国として、また海の警察国として公海の自由を擁護した。こうして19世紀には、海洋が狭い領海とその外側の広い公海とに分けられる二元的法制度が普及した。同世紀を通じて、21の主要海洋国のうち、６カイリを主張したスペインを除き、20か国が３カイリの領海を認めるに至ったといわれる。

しかしながら、こうして安定化したように見えた法秩序も、19世紀後半から、領海の幅の4カイリ、12カイリ等への拡大主張や、漁業権、海峡の通航権、軍艦の地位、海戦・中立法関係の規則等多くの点において争いがあり、不安定な状態が続いた。そして第1次世界大戦後においても、わずかな一般的原則を除いて、海洋に関する国際関係は多くの点において「法の真空状態」に置かれていたのである。

第3節　海洋法の法典化

以上のような背景から、国際社会は、海洋に関する国際法を条約の形で成文化し、明確にする法典化の作業を試みることとなった。そのような作業は、国際連盟の下で1回、そして国際連合の下で3回にわたって開かれた会議を通じて行われた。

なお、海洋法のいくつかの分野において条約草案を作成する試みは、上記の政府間の作業以前から学者の間で見られ、とくに国際法学会(Institut de droit international)、国際法協会(International Law Association)、ハーバード・ロースクールの研究グループなどが、領海、海洋資源、船舶の地位、海賊、内水等を含む諸問題に関する国際法について、部分的に研究発表を行い、また決議を採択していた。これらの研究作業の成果はその後の政府間の法典化事業に少なからず影響を与えている。

1　ハーグ国際法典編纂会議

国際連盟は1924年に、「専門家委員会」を設置して国際法法典化に適したトピックを選定させ、選ばれた3つのトピックについて法典化のための「準備委員会」を設けたが、その1つは領海についてであった（他は国籍と国家責任問題)。そして同委員会の報告およびその他の諸文書をベースに、1930年ハーグ国際法典編纂会議が開催された。会議は領海に関する条項案の多くについては合意を達成したものの、最重要問題の1つである領海の幅員については合意が得られず、そのため条約は採択されずに終わった。しかしながら、領海の幅員以外の多くの規定に関しては、第2次世界大戦後の国際連合における法典化会議の際の有用なベースとなった。

ハーグ会議においては、領海の幅として38か国中20か国が3カイリを主張したが、ソ連など12か国が6カイリを、そしてスカンジナビア諸国は4カイリを主張した。また3カイリ支持国の多くは領海の外側に接続水域が認められることを条件とした。条約採択に失敗したのは、主としてこうした異なる領海幅員の主張と接続水域についての主張が一般的な合意を妨げたことに起因する。

2 第1・2次国連海洋法会議

国際連合は設立後間もなく海洋法の法典化のための新たな作業を開始するが、それに先立ち、1945年9月に米国大統領が発した2つの重要な大統領声明に触れなくてはならない。それはいずれも「トルーマン宣言」と呼ばれるもので、その1つは、アメリカの沿岸に隣接し、公海の下にある大陸棚の海底とその地下の天然資源は同国に属し、その管轄権と管理に服するものと見なす、とするものである。その根拠として、大陸棚は沿岸国の陸地の自然の延長であるとしている。他の1つは、アメリカはその沿岸に隣接する公海上の、同国の漁業活動対象海域にその管轄権と管理に属する漁業保存水域を設定し、保存措置を定めることができるとするものである。これらの宣言は、その後、中南米諸国を中心に多くの国が沿岸水域への管轄権を拡大する際の先例とされるなど、戦後の新たな海洋法形成に大きなインパクトを与えた。

国際連合の国際法の法典化に向けた主要な作業は、1947年に総会が設置した個人資格の専門家からなる国際法委員会を通じて進められることになるが、その任務は国際連盟のそれとは異なり、既存の慣習法の法典化に加え、法の漸進的発展をも含むことになった。そして同委員会の最初の作業トピックの1つとして選ばれたのが海洋法であった。国連総会は1958年、同委員会の準備した条約草案をベースに、条約策定のための外交交渉を行う海洋法会議を招集した。

のちに第1次国連海洋法会議と呼ばれるに至った同会議には、上記のハーグ国際法典編纂会議が西欧諸国中心であったのに比し、ほぼ全世界から86か国が参加した。会議は最終的に、領海条約、公海条約、大陸棚条約、および公海生物資源保存条約の4本のジュネーブ条約を採択した。これら諸条約は1966年までにすべて発効し、その後国連海洋法条約が発効するまで約30年間にわたり、海洋の国際法秩序の主要部分を構成した。ただしジュネーブ諸条約の締約国は最も多い公海条約でも60か国に足りず、また生物資源保存条約の締約国は36か国にとどまり（わが国を含む主要漁業国も未加入)、未加入国については、これら諸条約国との関係では依然慣習法が適用されていた。

ジュネーブ４条約は広範囲の海洋法問題を扱ったものであったが、ハーグ会議からの懸案であった領海の幅員問題については合意が達成されずに終わった。同幅員に関しては、伝統的な３カイリのほかに、６または12カイリ、さらに領海と漁業専管水域を組み合わせて12カイリにするなど、さまざまな提案が出された。しかしながら、この会議終了直後に、アイスランドが12カイリの漁業水域を一方的に設けたため、イギリスと深刻な漁業紛争が発生したこともあり、早期に領海幅員（および漁業水域）問題が解決されることが望まれた。

こうして、1960年に再度、同問題に限って合意を達成すべく、第２次国連海洋法会議が招集されることとなった。同会議においては、米国とカナダが中心に推進した領海６カイリとその外側に６カイリの漁業水域を認める妥協案が多数国の支持を獲得できたが、最終的採択に必要な３分の２の賛成には１票足りず、会議は成果なく終わった。

3　第３次国連海洋法会議

その後約10年を経て、第３次国連海洋法会議の招集が決定されるに至るが、その背景としてさまざまな要因をあげることができる。まず、第１次・第２次海洋法会議における領海幅員についての趨勢と審議状況の結果、領海または領海と漁業水域の組み合わせを12カイリとする国が増大したものの、各国の実行はなおまとまらず、さらには200カイリまでもの領海または「(排他的) 経済水域」を主張する国も出てきたことである。そして、このような拡大水域を主張する国は、60年代の新興独立国の増大とともに急速に広がった。これら諸国はまた、以前の海洋法会議を含む海洋法の形成過程に参加しておらず、海洋法が伝統的西欧主導型のものであり、その多くの部分が先進諸国の利益にかなう内容であることに対する一般的不満を持っていた。

なかでも、大陸棚条約は、大陸棚の法的定義が、領海の外で上部水域の水深が200mまでの海底、またはそれ以遠の海底であっても、天然資源の開発を可能とするところまでという、確定的な限界のないものであったことから、海底資源はいずれすべて先進国の独占するところとなるとの懸念が持たれた。そして、60年代半ばには、地形学・地質学的に見た大陸棚（すなわち大陸縁辺部）の外側の深海底に、ニッケル、コバルト、マンガン等の希少金属を含有する膨大な量のマンガン団塊が存することが明らかにされた。60年代はまた、米ソ両陣営による核兵器配置を含む軍事利用が海底にも延びようとしているときでもあった。

以上のような背景から、1967年11月、マルタのパルド（A. Pardo）大使は国連総会において、マンガン団塊等の新しい深海底資源の開発の可能性に触れ、また海底の軍事的利用、放射性廃棄物の投棄等による汚染、無秩序な資源開発問題等に言及し、深海底およびその資源を「人類の共同の財産」とし、それを平和的目的のみに利用し、人類全体のために管理する目的の新たな国際的制度を樹立すべきことを提案した。総会は同提案に基づき、海底平和利用委員会（海底委員会）を設置してこれらの諸問題の検討を命じた。

1960年代後半には、新しい海洋法に向けたもう1つ新しい進展があったことを指摘しなければならない。それは、同時期はアメリカに次いで、旧ソ連が潜水艦を含む本格的な海軍力を完成させた時期であり、米ソ両国は世界的な海軍の機動性を確保するために、最大限の航行の自由を確保する必要性において共通の利益を持ち始めていたことである。そのためには、とくに領海の12カイリ以上の拡大や狭い海峡の通航制限を防ぐ必要があった。こうして1966年から1967年にかけて、米ソ政府関係者はひそかに主としてこれらの点について協議を開始し始めたのである。

こうして各国の関心は、海底の平和利用のみならず、海洋法の全般にわたる秩序の再構築へと向けられ、1970年に国連総会は、その目的のため新たな海洋法会議を開催することを決定した。そして拡大された海底委員会にそのための実質的準備委員会としての任務を与えた。こうして総会は、1973年に第3次海洋法会議を招集し、翌1974年にベネズエラのカラカスにおいて実質交渉が開始された会議は延べ90週間以上の交渉を経て、1982年4月、包括的な国連海洋法条約を賛成130、反対4（アメリカ、イスラエル、トルコ、ベネズエラ）、棄権17で採択した。条約の署名式は同年12月10日、ジャマイカのモンテゴ・ベイにおいて開催され、当時条約史上最高の118か国が当日に署名した（わが国は翌年2月に署名）。

4　第XI部実施協定による修正

国連海洋法条約には、このような圧倒的な支持にもかかわらず、一群の大きな問題が残され、それがおもな原因で、採択後10年以上の間、その批准はほとんど開発途上国のみに限られ、発効に必要な60か国の批准が得られない状態が続いた。その原因は、条約全体の草案がほぼ固まった第3次海洋法会議の最終段階（1981年）にアメリカのレーガン新政権が突如うちだした、条約草案全体の見直し政策である。そして1982年1月、アメリカ政府は、主として深海底制度に関する第XI部の基本的な哲学と主要規定が自由主義市場経済の原則に反するとして、反対を表明し、同年3月第XI部を中心とする草案の大幅修正案を提出した。しかしそれらは、4月末の最終日までに条約採択を予定していた最終会期において取り上げるにはあまりにも広範囲にして、かつ抜本的な再交渉を要求するものであった。そのため、コンセンサス採択をめざした最後のあわただしい妥協のための努力も功を奏することなく、条約草案は票決に付されざるを得ず、その結果圧倒的多数で採択されたのであった。

アメリカの新政策担当者には、深海底の管理のために条約によって設立される国際海底機構にあまりにも強力にしてかつ優先的な地位が与えられていること、また資源開発に参加する企業体等の義務があまりにも厳しすぎるため、マンガン団塊の開発に向けてすでに投資し、また将来開発に参加する意図を持った欧米の諸企業の経済的利益を十分に保護し得ないとの危惧があった。そして、この考えは、一般的に日本も含め、深海鉱物資源開発に関心を持つ先進工業諸国の同調するところでもあった。その背景には、主要先進諸国の開発事業体が独自に、また国際コンソーシアム等を通じて、ハワイ・メキシコ間の太平洋深海底において、有利な鉱区を確保するため調査を開始しており、相互に重複の可能性のある鉱区の調整のための話合いを始めていたこともある。こうして、さまざまな利害関係から、ほとんどの先進諸国は条約に署名はしたものの、アメリカの出方も見つつ、批准を先延ばしした。

他方、これら先進諸国は、アメリカ、イギリスおよび旧西ドイツを除き、条約に署名したことにより、条約が予定する国際海底機構と国際海洋法裁判所の設立、ならびに深海鉱物資源活動にすでに相当額の投資を行った国等の権利義務に関する「先行投資者」制度の運営のために1983年から開始された海洋法準備委員会に参加する資格を得て、自国の関与する深海底開発事業体について公式に鉱区の登録を確保するなど、条約発効にも備えた。

こうして、初期の準備委員会においては、一方アメリカの利益もある程度代弁する西側先進諸国グループと、他方条約の早期発効をめざす途上国およびこれを支援する東欧の社会主義諸国のグループが対決する構図が支配的であった。しかし、1980年代の中ごろから後半にかけての、いくつかの経済的、政治的事情の変化が途上国側に徐々に大きな態度転換を余儀なくさせた。そのおもなものは、世界的金属市場の悪化とそれに伴う深海底資源開発への関心の低下、条約の深海底制度に織り込まれていた中央計画経済制度の世界各地における崩壊、冷戦の終結と東西間の接近等である。この態度転換にはさらに、それまでの条約批准国がアイスランド以外すべて途上国であったことにかんがみ、先進国の参加しない条約諸機関、ことに先進国の技術と資金が不可欠な国際海底機構の活動がほぼ不可能になるばかりか、途上国のみで国際海洋法裁判所および大陸棚限界委員会も含めた新機関の設立・運営費の負担が、はたして現実的であるかについても疑問が持たれたことが大きな後押しとなった。

こうした深刻な事情を背景に、1990年から、国連事務総長のイニシアチブで、アメリカも含め条約の深海底制度を規定する第XI部（および関連附属書）の実質的見直しに限った非公式協議が開かれ、アメリカの提起していた諸問題の現実的解決策が模索された。その間、条約批准国も徐々に増加し、その発効が1994年11月に迫ったことから、交渉が急がれ、同年７月、第XI部関係諸規定を実質的に大幅に修正する海洋法条約第XI部実施協定が採択されるに至った。

同協定は海洋法条約自体とは別個の条約であるが、海洋法条約の発効と同時にその第XI部と一体となって解釈・適用されることとされ、相互間に抵触のある場合には同協定が優先することが規定された。また、同協定採択後に条約を締結する国は、協定に拘束されることにも同意したものと見なされるとされた。こうして、第XI部が修正された形の条約は、西側諸国も批准を急ぐこととなり、

第1－1図　海洋の法的区分

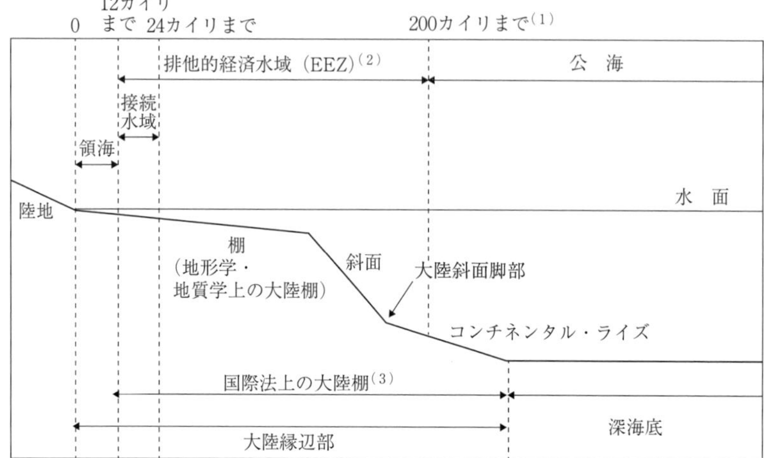

注(1)　200カイリの位置は、海底地形の状況によっては陸地側にあることもあれば、逆に沖合側になることもある。その位置が大陸縁辺部の限界の外側にある場合には、200カイリの位置の沖合側の海底が深海底となる。

(2)　排他的経済水域が設定されない場合には、領海の外側から公海となる。

(3)　国際法上の大陸棚の限界の詳細は、第6－3図および第6－4図を参照。

その後ほぼ普遍的なレジームとして確立しつつある。わが国は1996年６月に批准し、７月20日同条約と実施協定が発効した。

第2章　領海と接続水域

明治が始まってすぐに大事件が勃発した。明治３（1870）年当時普仏戦争の両交戦国プロシャとフランスの軍艦がわが国近海にもいたため、軍事衝突が起きるおそれがあった。明治政府は直ちに太政官布告を発し、局外中立を宣言すると同時に「外海ノ儀ハ距離三里以内」として戦闘行為を禁止した。この外海が現在の領海に当たると思われる。しかし、この「３里」は、のちに明治５（1872）年に太政官布告で事実上「３海里」に訂正された。ちなみに、明治25（1892）年、軍艦千島とイギリス船が瀬戸内海で衝突、その法的地位が争われたときに、在横浜イギリス領事裁判所は、判決のなかで、日本の領海を「日本国海岸を距る三浬以内」と述べた。

第１節　領海の誕生と発展

1　領海の概念

領海とは、国土の周辺に位置する沿岸から一定の幅の帯状の海域をいう。現在、領海は沿岸の基線から測定して12カイリを超えない範囲で測られる（海洋法条約３条）。

基線は、領海を測定するための起算点を結ぶ線をいう。通常基線と特別な基線がある。通常基線は、沿岸国が公認する大縮尺図に記載されている海岸の低潮線とする（５条）。特別な基線は直線基線をいい、沿岸群島、群島国、河口に引かれる場合がある。これらについては、第３章参照。

かつて領海が沿岸国の主権に服するのか否かにつき論争があったが、現在は領海に対する沿岸国の権利は、国家が自国領域の他の部分に対して行使する主権と性質上何ら異ならないことが一般に認められている。このことから、沿岸国は、漁業を含む領海の生物資源と鉱物資源に対して排他的権利を有することとなる。

海洋法条約は、沿岸国の主権は、内水、領海、領海上空および海底、その下とその資源に及ぶと定める（2条)。

領海は、沿岸国領土の自然かつ不可分の従物であるので、領海のみを他国に譲渡することはできない。

2 領海の沖への限界（領海の幅員）

歴史上領海の起源は、海は領有できると主張したイギリスのセルデンに求めることができる。

現在、領海は、海の沖側へ最大幅12カイリ以内の範囲で、国家は自由にこれを定めることができるが、領海の最大の許容可能な幅は、過去において多く論議された問題であった。

では、領土の従物としての領海を沿岸国は、自由に決めることができるのであろうか。問題の本質は、領海についていかなる幅が認められているのかではなく、問題が国際法によって規律されているか否かである。

国際司法裁判所は、ノルウェー漁業事件判決（1951年）でつぎのようにいう。

> 海域の限界画定は常に国際的側面を有するため、国内法上表現される沿岸国の意思のみによって決まることはあり得ない。確かに、限界画定の行為は、沿岸国のみがそれを行う権限を有するがゆえに、必然的に一方的行為となるが、限界画定の他国に対する有効性は、国際法によって決まるのである。

前述の通り、第1・2次海洋法会議は、領海の幅の決定に失敗した。では、それは無秩序状態を示すかといえば、そうではない。国際法の規律があるのである。つまり、当時国際法委員会が作成した、以下のような領海の幅に関する条約案のなかに示唆がある。

第3条　1　委員会は、領海の限界画定に関して、国家実行が画一的ではないことを認める。

2　委員会は、領海を12カイリを超えて拡張することを、国際法が認めないと考える。

3　委員会は、上の限界内で領海の幅についていかなる決定を行うこともなく、一方で、多くの国が3カイリ以上の幅を定めてきたことおよび、他方で、多くの国が自国の領海の幅がそれ以下であるときには、上の幅を承認していないこと、に留意する。

つまり、各国は、3カイリまでは自由に領海を設定できるが、12カイリ以上は国際法違反で、3～12カイリの間では、相対主義が適用された。たとえば、3カイリと6カイリを主張する国の間では、3カイリが、6カイリと12カイリをそれぞれ主張する国の間では、6カイリが適用されたわけである。

第3次海洋法会議では、領海の幅員の問題は、3カイリから12カイリに移っていた。その後も領海拡張の動きは止まず、200カイリを主張する国も現れた。他方で公海の自由を享受する国の抵抗もあったが、徐々に12カイリ領海を主張する国も増えたところ、排他的経済水域制度や国際海峡における通過通航制度の主張により、沿岸国（途上国）の法益と通航国（先進国）の利益が調整され、12カイリ領海への合意が得られたのである。

3　隣国との領海の境界

2か国が向き合うかあるいは隣接国どうしの領海については、それぞれの領海間の境界が問題となる。海洋法条約は、相対するか隣接する海岸を有する国の間の領海の境界画定は、両国間に別段の合意がなければ、等距離・中間線と定めた（15条）。ただ、この規定は、歴史的権原その他特別の事情があれば、例外として適用されない。この特別な事情は、条約中ではそれ以上は定義されず、おそらく、島の存在、航行可能な航路、歴史的漁業権などが含まれるであろう。

4　わが国の領海制度

第3次海洋法会議における審議（1974年の第2会期）において、わが国は、200カイリ排他的経済水域問題で孤立し、「エクセプト・ワン」などという不名誉な呼ばれ方をした。これは、それまでわが国が外国の200カイリ水域内で自由な操業を続けたため、この伝統的な立場の維持を主張したのであるが、国際的に孤立してしまったからである。

わが国は、外国の200カイリ水域から閉め出されただけでなく、わが国周辺の沿岸200カイリ水域は公海のままにしたため、旧ソ連などを中心に外国漁船が、沿岸の目と鼻の先に来て漁業を行った。これに沿岸漁民が猛反発、1977（昭和52）年5月2日に領海12カイリと200カイリ漁業水域を認める国内法（「領海及び接続水域に関する法律」と「漁業水域暫定措置法」）が制定された。なお、この領海法は、わが国の海洋法条約批准に伴い、1996（平成8）年6月に改正された。

改正された新法は、日本周辺に直線基線を採用したが（2条）、宗谷海峡、津軽海峡、対馬海峡東・西水道、大隅海峡の5つの海峡部分（特定海域）については、1977年領海法と同じく、附則で「当分の間」領海の幅を3カイリとした（53頁、第4－1図参照）。

第2節　無害通航権

1　領海内での航行の権利

領海は沿岸国の領域の一部であり、それゆえ沿岸国の主権の下に置かれているが、それにもかかわらず、領海に対する主権は、内水に対するものとは異なり、すべての外国船舶は領海において無害通航権を有する（海洋法条約17条、沿岸運輸を除く）。平時に各国の商船が沿岸国の平和、秩序、安全を害しない限り、領海を通る権利を持つことは、共通の確信である。つまり、沿岸国は、主権に基づいて領海に対して一定の使用条件を定め、船舶通航を規制できるが、その実施について、外国商船の無害通航権を否認し妨害することは禁止されている。このように、無害通航権は、各国の航行の利益と沿岸国の法益との間に微妙なバランスをとる制度として成立したものである。

なお、船舶が外国の領海で航行権を有するとの思想は、歴史的には、海洋の自由と閉鎖論のなかで発達した。グロティウスは、無害を条件に海の航行を妨げてはならないとし、ヴァッテルも、領海は無害使用が許されるとした。19世紀には、世界的な貿易の発展と国家実行の増加も相まって、無害通航制度が定着し、1894年の万国国際法学会決議も、すべての船舶の無害通航権を定めた。

いかなる国も、領海を通る外国船舶の通航に対して課徴金を課すことはできない（26条⑴）。沿岸国は自国領海内での安全航行のために灯台その他施設の建設・維持のため費用を負担することになるが、そうした経費を通航する外国船に支払わせることはできない。つまり、水先案内人や引き船料はよいが、灯台税などは認められない。

沿岸国は、通航が無害でない場合必要な措置をとることができる（25条⑴）。また、船舶が内水や内水の外側の港湾施設に向かう場合、沿岸国は、通航条件の違反を防止するため必要な措置をとることができる（同条⑵）。

2　無害通航の定義

⑴　無害とは

領海条約によれば、通航は、平和、秩序、安全を害さない限り無害とされる（14条４項）と定めただけであった。通航が無害でなくなるのは、沿岸国の平和、秩序、安全に有害なときだけである。これらに有害でなければ、たとえ沿岸国の法令に違反しても、通航は無害とされる。

海洋法条約は、領海条約と同じ規定を置いたあと（19条⑴）、外国船舶の通航が沿岸国の平和、秩序または安全を害するとされる場合を列挙している（19条⑵）。同項(a)～(l)は、有害・無害の判断の客観化につとめ、武力行使または武力による威嚇、兵器の演習・訓練、情報収集、防衛・安全の宣伝行為、航空機・軍事機器の発着、法令違反品の積込み・積卸し、故意かつ重大な汚染行為、漁業活動、測量、通信妨害行為などを例示して、有害な通航の有用かつ包括的な一覧表を提供している。

たとえば、外国漁船は、無害通航権を有するが、許可がなければ領海内で漁業できず、漁獲活動を行えば、無害でなくなる（19条⑵(i)）。また、潜水船は、海面上を航行し、旗を掲げなければならない（20条）。

⑵　通航とは

通航は、内水に入ることなくまたは内水の外にある停泊地や港湾施設に立ち寄ることなく領海を通過すること、および内水に向かってもしくは内水から航行すること、あるいは停泊地や港湾施設に立ち寄ること、と定義される（18条１項）。

通航は、継続的かつ迅速でなければならない。停船や投錨が通常の航行に伴う場合、不可抗力または遭難により必要とされる場合、または危険や遭難に陥った人、船舶または航空機に援助を与える必要がある場合には、通航が許される（同条(2)）。

何が無害で何が無害でないのかを区別することは、難しい問題である。無害通航権は外国船舶の国際航行の利益を反映したものであるが、沿岸国の安全保障や漁業などの国内的利害との対立が、要件の認定における対立に反映しているためである。

(3) 外国船舶の入港の権利

1923年の「海港ノ国際制度ニ関スル条約及規程」は、各国の港への出入港・使用などについて、締約国の船舶と第三国の船舶と均等な待遇を与えるよう義務づけている（条約附属規程２条）。また、一般に通商航海条約でも相手国の船舶に対する港などの相互開放を定めるのが通例である（たとえば日米通商航海条約19条(3)）。

3 沿岸国の法令

領海条約は、外国船舶は沿岸国が制定した国内法令、特に運輸と航行に関するものに従わなければならず、また外国船舶はその法令を遵守すべきであると定めた（17条）。海洋法条約は、この点を詳しく定めており、無害通航に関する沿岸国の法令制定権は、つぎの事項に及ぶ。航行の安全、資源の保存、出入国管理、無害通航権の規制、汚染の防止等々（21条(1)(a)〜(h)）。

国内法令は、一般に認められた国際的な規則・基準に一致する場合を除いて、外国船舶の設計、構造、乗組員の配乗、設備、運航等に適用されない（同条２項）。

なお、同一国内における外国船舶による貨客の運送（沿岸運輸、カボタージュ）は、相互主義を条件に認められる場合もある。しかし、一般に無害通航権や出入国の自由などは認められても、沿岸運輸が認められるのは、稀である（海港ノ国際制度ニ関スル条約及規程９条）。

4 航路帯と分離通航帯

沿岸国は、航行安全の必要上、領海内で無害通航権を行使する外国船舶に航路帯の指定と分離通航帯の使用を要求できる（22条(1)）。タンカーや原子力船、核物質運搬船などは、航路帯の通航を要求される（同条(2)）と同時に、国際協定の定める文書を携行しかつ特別な予防措置をとらなければならない（23条）。

また、航路帯の指定と分離通航帯の設定は、①国際機関の勧告、②国際航行用の水路、③船舶や水路の特徴、④交通量などを考慮して設けられる（22条(3)）。それらは、明確に海図上に表示され、適当に公表されなければならない（同条(4)）。

5　沿岸国の義務

海洋法条約は、沿岸国は外国船舶の無害通航権を妨害しないだけでなく、(a)無害通航権を否定したり害するような要件を課したり、(b)外国船舶間で、法律上も事実上も差別をしてはならないと規定する（24条(1)）。

また、沿岸国は、自国が知っている領海内の航行上の危険を公表しなければならない（同条(2)）。これは、国際司法裁判所のコルフ海峡事件判決（後述45-46頁）の次の意見に従うものである。

> アルバニア当局の負う義務は、一般の航海の利益のために、アルバニアの領海における水雷敷設区域の存在を通告し、近づきつつあったイギリスの軍艦に急迫した危険を警告することであった。このような義務は、……ある一般的な十分に承認された原則に基づいている。すなわち、戦時よりも平時においていっそう必要とされる人道の初歩的な考慮、海上交通の自由の原則、他国の権利に反する行為のために領域が使用されるのを知っていながら許してはならないという、すべての国の義務に基づくものである。

6　軍艦の無害通航

海洋法条約29条は、公海条約8条2項と同様に軍艦を定義する。この定義は、1907年の「商船を軍艦に変更することに関する条約」3条と4条に基づいたものである。

軍艦については、2つの問題がある。1は、軍艦の無害通航権についてであり、他は、沿岸国法令の遵守義務についてである。

第1の外国軍艦に領海において無害通航権を行使する権利があるのか否かに

ついては、論争がある。もっとも、コルフ海峡事件で、国際司法裁判所は、当事者が長い弁論を行ったにもかかわらず、国際法上、国家は、海峡以外の領海において軍艦が通航する権利を有するかの問題を審議する必要はないとした。問題は、海洋法会議に持ち越された。

第1次海洋法会議の国際法委員会の提案では、例外的な事情の場合を除いて、軍艦は事前の許可や通告なく、領海において無害通航権を有する、というものであった。しかし、この案は、その後修正を受け、総会議では多数を得た提案はなかったため、領海条約では、軍艦の無害通航権については規定が置かれず、大きな空白が残された。

現在の海洋法条約の第2部第3節「領海における無害通航」は、A「すべての船舶に適用される規則」、B「商船及び商業的目的のために運航する政府船舶に適用される規則」、C「軍艦及び非商業的目的のために運航するその他の政府船舶に適用される規則」に分けて規定する。

軍艦の無害通航権については、3つの見解が可能である。①海洋法条約17条（領海条約14条）の「すべての船舶」の表現は、反対の意思がなければ、軍艦も含むもので、軍艦も同様に無害通航権を有する。②17条の「すべての船舶」は、反対に、商船だけを意味する。理由は、無害通航権を明確に軍艦に与える意思は、明確な規定を必要とするからである。③海洋法条約は、この問題につき何も決めておらず、それゆえ、慣習法の規則のままである。

理論的には、③が合理的であるが、慣習法そのものが不明確であるともいわれる。結局、海洋法条約も軍艦の通航権の問題に決着をつけていないため、依然として若干の国が事前の許可や通告を要求している。

第2の沿岸国の法令の遵守について、軍艦の定義（29条）の後の30条は、「軍艦による沿岸国の法令の違反」について定めるが、領海条約の規定と同一の文言のままである。

ところで、海洋法条約30条は、もし軍艦が沿岸国の規則を守らず、かつ遵守の要請を無視した場合には、沿岸国は軍艦に領海を退去するよう求めることができるとするが、強制はできない。軍艦は、領海において免除を享有する（32条参照）からである。

ちなみに、1980年8月に、旧ソ連の原子力潜水艦が沖縄東方の公海上で火災のため航行不能となった。わが国は、同艦の領海通過は認めないとの申入れをしたが、旧ソ連はこれを無視し、日本の領海をタグボートにより強行通過した。

海洋法条約31条は、沿岸国の法令または同条約やその他の国際法規則の軍艦による不遵守の結果沿岸国に与えた損失や損害に対する旗国の国際責任を定めるのみである。これは、非商業的な政府船舶にも適用される。

なお、外国の潜水船とその他水中航行機器のための規則がある。それらは、領海において海面上を航行し、その旗を掲げなければならない（20条）。

7　沿岸国の安全保障

(1)　沿岸国の平和と安全

海洋法条約19条にいう沿岸国の平和と安全とは、沿岸国の主権に対して軍事的その他の脅威のないことである。現在の国際法上、国家は主権的存在であり、主権平等の立場から、主権は独立権を意味する。国家の平和と安全とは、軍事的脅威がなく、独立権を維持することにあるので、従来国家は、自己防衛のためには、戦争の権利を含めて、軍事力を使うことが許されていた。

海洋法に目を移すと、国家の周辺に広がる領海は、まず国を守る意味を持つ区域であることがわかる。つまり、領海では、外国船舶の無害通航権を認めるのみで、陸地と同様に主権が行使できるからである。この点は、着弾距離説を想起すれば、理解できよう。

ところで、領土周辺において、国の平和と安全に脅威を与えるのは、外国の船舶、特に軍艦である。軍艦の無害通航権については前述したが、軍艦は領海では、武力による威嚇と武力の行使、兵器を用いる訓練、安全を害する情報収集、航空機や軍事機器の発着などが、禁止される（19条(2)）。いずれも、沿岸国の平和と安全に影響を及ぼすからである。

また、同条約19条２項(b)によれば、国の安全上、「兵器（種類のいかんを問わない。）を用いる訓練又は演習」は無害通航とはならず、領海を通航する軍艦に適用される。

以上を考えると、たとえば、1968年１月の北朝鮮軍によるプエブロ号の拿捕事件、1975年５月のカンボジア軍によるマヤグエス号の拿捕事件などは、典型的に国の安全に直接かかわる問題を提起していることがわかる。

なお、沿岸国は、停止が、兵器訓練を含む自国の安全の保護のために不可欠である場合には、外国船舶間に形式上または事実上の差別をせずに、領海内の一定の水域で無害通航を一時的に停止できる（25条(1)、(3)）。

(2) 原子力船、核物質運搬船

海洋法条約は、原子力船と核物質運搬船について、航路帯のみの通航および、文書の携行と予防措置をとる義務（22条(2)、23条）を定める。

問題となるのは、危険物の輸送についてである。条約は、前述の通り、一定の条件の下で原子力船や危険物運搬船の無害通航権を認めているが、日本のプルトニウム輸送や高レベル放射性廃棄物の輸送の予定航路にあたる諸国には航行の自由を拒むところが少なくなかった。実際に、1992～93年に日本船あかつき丸は、プルトニウムを積んだところ、最短距離は通れず、フランスから南下して喜望峰を回りインド洋を経て北上、帰国した。

また、「核燃料物質及び原子炉の規制に関する法律」の1999年改正は、外国原子力船の本邦水域への立入りに、国土交通大臣の許可を必要としている（23条の２）。

以上との関連で、わが国の非核３原則も問題となる。この原則は、1968年１月に衆参両院本会議で佐藤首相が表明したものである。唯一の被爆国日本の国民感情の発露ともいうべきものである。とくに「核を持ち込ませず」の原則に基づき核搭載船の領海通航、日本の港への寄港は認められていない。この問題は、最近武器輸出３原則との関係が注目されている。

(3) 海上警備

海上警備あるいは領海警備とは、領域の利益を守るために、領海でとられる措置で、必ずしも国の安全に直接かかわるわけではない。しかし、いわゆる不審船は、わが国の周辺海域にときどき出没しており、わが国および国民の安全維持の観点からゆゆしき状況を出来（しゅったい）させている。不審船の行う違法行為とは、人質の拉致、薬物・銃器の密輸、工作員の運搬などが考えられる。これらの行為は、停船、臨検など領海警備の措置をとることになるが、巡視船が海上警備行動をとることもある（自衛隊法82条）。

なお、海上警備行動時の海上自衛隊の武器使用については、「警察官職務執行法」（７条）が準用され、厳しい規制がある。また、日本周辺で有事発生の際に、領海においても、自衛隊が不審船の臨検、捜索を行い得るとした「周辺事態に際して実施する船舶検査活動に関する法律」が、2000年12月６日に成立したことが注目される。

8　領海内での裁判権

沿岸国は、領海において外国商船の無害通航権を妨げない範囲で領域主権に基づく管轄権を有する。たとえば、国際慣習法上、漁業や生物・鉱物資源の獲得に対する独占権を持ち、その他沿岸運輸などを禁止でき、水先案内人の選定、税関の配置、衛生規則、座礁船や荷物に関する規則等の作成などを行うことができる。

沿岸国が、自国領海を通る外国商船にいつどのような場合に裁判権を行使できるのかという問題が、刑事事件と民事事件に関して生ずる。

刑事裁判権に関して、沿岸国は、４つの場合（海洋法条約27条(1)の(a)～(d)）を除き、領海を通航中の外国船舶内において、通航中に行われた犯罪に関連して人を逮捕し捜査を行うために裁判権を行使してはならない。(a)～(d)の場合、沿岸国は、船長の要請があれば、旗国の外交官または領事官に通報し、彼らと乗組員との連絡を容易にしなければならない（同条(3)）。

以上の制限は、内水を出て領海を通航中の外国船舶内において、自国法に従って逮捕・捜査を行う沿岸国の権利に影響を与えない（同条(2)）。にもかかわらず、沿岸国は、逮捕にあたって航行の利益に妥当な考慮を払わなければならない（同条(4)）。そして、外国の港から来て領海を通航するだけの外国船舶の場合に、領海に入る前に船内で行われた犯罪に関して、人を逮捕したり捜査を行うために、何らかの措置をとることはできない（同条(5)）。

民事裁判権に関しては、沿岸国は、領海を通航中の外国船舶内にいる者に対して民事裁判権を行使する目的で船舶を停止させたり、航路を変更させてはならない（28条(1)）。沿岸国は、領海を通航中の外国船舶に対して原則として強制執行や保全処分を行うことはできない（同条(2)、(3)）。

第3節　接続水域

1　接続水域の沿革

接続水域とは、自国の領海に接続する一定の範囲の水域で、沿岸国が、その領土や領海内での通関上、財政上、出入国管理上または衛生上の法令違反の防止および処罰のために必要な規制を行うことのできる水域をいう（領海条約24条、海洋法条約33条）。

歴史的には、接続水域は、18世紀に密輸船を取り締まる目的で徘徊条例を制定したイギリスの例が有名である。アメリカも、1919年の禁酒法に基づき海上からの酒類の密輸入の取締りのため、12カイリの監視水域を設けた。

接続水域の幅は、かつては6カイリないし12カイリの関税水域が一般的で、領海の幅と密接な相互関係があったが、その後、諸国の実行はまちまちで、3カイリ、6カイリ、12カイリなどが主張された。領海条約は、12カイリとしたが、海洋法条約は、24カイリに広げた。

ちなみに、わが国は、1996年の海洋法条約への加入とともに、24カイリの接続水域を新たに設定した（領海及び接続水域に関する法律4条(1)、(2)）。

2　接続水域の法的地位

接続水域で行使される管轄権が、通関上、財政上、出入国管理上および衛生上の4つの事項に関する法令に限定されることは、領海条約と海洋法条約とも同様の規定である。

条文の解釈としては、接続水域で行使されるのは管轄権ではなく取締権であり、この取締権は、本質的に監督的かつ予防的なものである。その目的は、先手を打つことで、その時点では犯罪はまだ行われていない。船舶が領海に入り、沿岸国の管轄権内に入った時以後に犯罪が行われないようにしたり、既遂の犯罪を処罰することが意図されている。また、上記取締権は拿捕や港への引致を含まないと考えるべきで、こうした制限は、沿岸国が接続水域を事実上領海と等しく扱うことを防止する意味を持っている。

ところが、接続水域をこのように機能的・管轄権行使の海域ととらえるのではなく、関税や衛生規制などの限られた目的ではあるが、領海と同等の機能が行使される水域と見る見解もある。海洋法条約で、排他的経済水域が採用されたため、接続水域は、海洋法条約ではもはや公海の一部であると述べられていない。

なお、海洋法条約は、領海条約になかった新たな規定として、303条２項を設けた。これは、接続水域の海底から考古学的・歴史的物体が持ち出される場合の沿岸国の法令の適用について定めたものである。

第3章　内水、島、群島水域

徳川時代、江戸湾は、今の日比谷あたりまで海だったといわれるが、本所・深川あたりももともと湿地と干潟であった。海岸を埋めたてるにあたって、どこまでが海汀で、どこからが海かを定めるため、公儀（幕府）の役向が出張り、洲崎神社の先、一町ほどの干潟に竿を立て、「この先、海」と令したという。その社は、今は町中、海はおろか、潮の香りもない。

第1節　基線の分類

海辺や海岸といっても、潮の干満で10m近くの差がある場合もあり、海の始まりを決めるのもむずかしいときも多い。基線とは、領海、接続水域、排他的経済水域および大陸棚の幅を測定する基準となる線を意味するため、きわめて重要である。基線は、通常基線と直線基線に、直線基線は、閉鎖線と群島基線とに分かれる。

1　ハーグ国際法典編纂会議

1930年のハーグ国際法典編纂会議において、領海問題を審議した第2小委員会は、①領海の幅は、すべての海岸線において低潮線から測定される、②低潮線は、沿岸国の公式海図に表示されたものを基線とする、③領海内の海床の隆起（干潮時に水面上にあるもの）は、低潮線の決定に際し考慮されるとの案を採択した。これらの規則は、当時の国際慣習法を表すものと考えられた。

2　通常基線

領海の幅を測定する通常基線は、沿岸国公認の大縮尺海図に記載されている海岸の低潮線である（海洋法条約５条）。このことは、領土の従物の概念から導かれるもので、国際司法裁判所も、ノルウェー漁業事件判決で、「領海の幅を測定するために国家実行が一般的に採用してきたのは高潮線や高潮と低潮の中間線ではなく、低潮線であると判断することに困難はない。この規準は、沿岸国に最も有利であり、領土の付属物としての領海の性質を明確にするのである。」と述べた。

通常基線は、陸に向かっては、内水の範囲を確定するが、沖に向かっては、領海の外側の限界のいずれの地点からも最も近い基線までの距離が領海の幅（現在は12カイリ）に等しくなる低潮線である（４条）。

第２節　内　水

1　定義と法的地位

海洋法条約は、領海の基線の陸地側の水域を内水と定める（８条(1)）。内水とは、内海、河川、運河、港、湾（入江）などをいう。内水は、国の領土主権に服する。すなわち、内水は、法的には陸地領土と等しく扱われる。したがって、外国船舶の無害通航は認められない。

2　内海

内海には、陸地によってすべて囲まれているものと、１以上の海峡などで外洋と連結しているものとがある。後者は、単一国によって囲まれている場合（瀬戸内海など）と沿岸が２以上の国に属する場合（黒海など）がある。

【カスピ海】　カスピ海は、長らく旧ソ連とイランとによって囲まれた湖であった。1991年の旧ソ連崩壊に続く諸共和国の独立を経て、その法的地位は変わりつつある。つまり、アゼルバイジャンとカザフスタンは、カスピ海を海と見なし、沿岸国が領有できると主張した。これに対し、ロシアは、カスピ海が湖であり、沿岸５か国（上記周辺４か国にイランを加える）の共有物であると反論した。1998年に、ロシアはカザフスタンに譲歩し、両国はカスピ海を海洋法に従って区分することに合意した。その後、ロシアは2002年にアゼルバイジャンと、2003年にトルクメニスタンとカスピ海に中間線を引く分割方法に合意した。長い外交交渉を経て、2018年に関係国の間でカスピ海の境界画定の問題が決着した（2018年カスピ海法的地位協定）。カスピ海は法的には海ではなく国連海洋法条約の適用はないが、カスピ海の境界画定に当たっては、海洋法条約に準拠して解決を図ったとされる。

【テキサダ号事件】 瀬戸内海の法的地位の先例としてテキサダ号事件がある。同事件では、1966年11月29日夜に紀伊水道で、リベリア船籍のテキサダ号が、日本のタンカーと衝突、同号の乗組員が業務上過失傷害罪と往来妨害罪で起訴された。この事件で、被告人は、衝突地点が公海上であるとしてわが国の刑事裁判権を否認したが、和歌山地裁判決（1974年7月15日）は、24カイリの湾の規則が国際慣習法であることと瀬戸内海が歴史的水域であることを根拠に、衝突水域を内水とした。大阪高裁判決（76年11月19日）は、地裁判決の24カイリの湾口の規則の慣習法化は否定したが、瀬戸内海が歴史的水域であることは肯定した。瀬戸内海は国際慣習法上内水として確定している。

3　河口

河川は内水であって、その外側に領海が測定される。測定の際の基線が、ここで問題になる。河川が海に直接流れ込む場合、基線は河川の両岸の低潮線を結ぶ直線（閉鎖線）となる（海洋法条約9条）。基線の内側は内水である。

河口に関しては、三角州が問題になる。三角州は、河川の運搬した土砂などが河口に堆積して生じた三角形の土地をいう。上述の河川の両岸の閉鎖線は、三角州の河口の両岸の低潮線になる（7条(2)）。

4　礁

海洋法条約6条は、領海条約にない新しい規定である。島が環礁の上に乗っているかまたは裾礁を有する場合、領海の基線を、一定の礁の海側の低潮線と定める。この規定の基礎になったのは、第3次海洋法会議第2（カラカス）会期における、フィジー、ニュージーランド、トンガおよび西サモア4か国の共同提案「島および外国の支配下の領土に関する条文案」であった。同条文案は、「環礁または裾礁を持つ島の場合は領海の幅を測定する基線は、公式の海図に示されている礁の海側の端とする」とした。環礁と裾礁のいずれの場合も、島であることが要件であって、高潮時に水没するものは含まれないことに注意を要する。

5　島

(1)　島の概念と条件

島とは、自然に形成された陸地で、水に囲まれ、高潮時にも水面上にあるものをいう（領海条約10条(1)、海洋法条約121条(1)）。この規定を後述する低潮高地（海洋法条約13条(1)）と比べると、高潮時に水中に没するか否かが基準になっていることがわかる。

何が島として認められるかについて、かつて領海条約採択前までは一定の条件が満たされれば、人工島も島としての地位を持つことができるとの意見もあった。領海条約は、この点を上述の通り解決した。しかし、海洋法条約121条３項は、人間が居住できなかったり、独自の経済的生活を維持できないものは岩とされ、排他的経済水域や大陸棚を持つことができないと定めた。

ところで、「人間の居住」や「独自の経済生活の維持」の要件については、必ずしも意味が明確ではない。2016年の南シナ海事件（フィリピン対中国）附属書Ⅶ仲裁裁判所判決は、「人間の居住」とは、単なる人の居住では足りず定住者の居住可能性を指す、また、「独自の経済的生活」とは、その地形に居住する人間の生活と生計を指す、と判示し、かなり厳格な基準を示した。

【沖ノ鳥島】　沖ノ鳥島のように、岩礁の周囲に人工的にコンクリートの保護塁をつくった場合はどうなのか。島は、領海のほか、接続水域、排他的経済水域と大陸棚を持つことができる（121条(2)）ので、太平洋上の孤島である同島はほぼ360度の排他的経済水域と大陸棚を持つことができるため、島と認められるか否かは、資源獲得の観点から、わが国にとって大きな権益がかかわっている。2004年４月22日、同島につき、中国が島であることに疑問を提起し、大陸棚や排他的経済水域を持ち得ない岩であると主張し、わが国外務省は直ちに反論した。

なお、公海において海底火山が爆発し、島が誕生する場合、この島の帰属が問題になり得る（たとえば、1973年の西之島新島の例がある）が、国の領海内であれば、添付として当該国に帰属する。

⑵　島の法的地位

島は領海、接続水域、排他的経済水域と大陸棚を持つだけでなく、隣国との排他的経済水域や大陸棚の境界画定においても、重要な問題を提起する。たとえば、エーゲ海の境界線をめぐるギリシャとトルコの対立では、ギリシャの島がトルコの沿岸近くにあるという関係にある。1973年にトルコが自国会社に石油探査の許可を与えた区域が、ギリシャの大陸棚上であったため、紛争が生じ、両国は1976年に国際司法裁判所にこの問題を付託した。争点の１つが、島が大陸棚を持つか否かであった。結局、同裁判所は管轄権を持たないとしたため、問題は第３次海洋法会議に持ち越された。

海洋法会議でも、鋭い意見の対立が見られた。ギリシャは、大陸棚や国家管轄水域の決定に際し、原則として島にも大陸と同じ規則の適用を主張した。これに対し、トルコは、管轄権の境界としての中間線が島からも測られるという提案に反対した。結局、海洋法条約はこの点について明確な規定を置かなかったので、今後の国家実行の動向が大きな意味を持つことになる。

他国の大陸棚上に島がある場合、相対する国どうしまたは隣接国間の境界画定の際に関連事情と見られるかどうかについて、これを無視する立場から、部分的、半分あるいは完全な効果を認める立場まで、国家実行と国際判例は、大きく分かれている。島が基点として認められ完全な効果を持つ例として、イギリスのワイト島があげられる。無視される島としては、紛争中の島、竹島がこれにあたる。島に半分効果が認められた国際判例としては、1977年６月30日の英仏大陸棚事件と国際司法裁判所の1982年２月24日のチュニジア・リビア大陸棚事件がある。

6　低潮高地

低潮高地は、自然に形成された陸地であって、水に囲まれ、低潮時には海面上にあるが、高潮時には水中に没し姿を消すものをいう。低潮高地は、領海を持たない。しかし、全部または一部が本土または島から領海の幅以内の距離にあるときは、低潮高地の低潮線は、領海の幅を測定するときの基線として用いることができる（海洋法条約13条⑴）。

低潮高地の基線の陸地側の水域は内水となる。というのは、低潮高地の効果は基線を移動させることにあるからである。それに対して、海岸から領海の幅の外側にある低潮高地は、自らの領海を持たないし（同条(2)）、また、たとえ領海の幅の内側にある他の低潮高地の基線から測定された領海の幅の内側にあったとしても、領海の基線の設定に何の効果も与えない。

7　港と停泊地

港は内水であるが、1923年の「海港ノ国際制度ニ関スル条約及規程」は、「航海船ノ平常出入シ、且外国貿易ノ為使用セラルル」ものを港と定める（1条）。

港湾と一体となっている恒久的な港湾工作物は、領海測定の基線として用いられる。ただし、沖合施設と人工島は除かれる（海洋法条約11条）。人工島が除かれるのは、海洋法条約121条1項の規定からも明らかであるが、沖合施設と港湾工作物の間に合理的な区別をすることは容易でない。

第1次海洋法会議でこの問題を扱った条文案に関する国際法委員会の報告書のコメンタリーは、最も外側の施設までの水域は内水であること「海岸に建てられ、海に突き出ている恒久的構造物（たとえば、防波堤や海岸防護工作物）は、港湾工作物と同一視される」としたが、構造物が、たとえば数キロメートル海に突き出る防波堤などは、問題となり得る。つまり、港湾工作物は、海岸に接するかあるいはきわめて近くになければならないのである。この点については、ある構造物が、「沖合施設」か「恒久的な港湾工作物」かで領海の基線に影響を及ぼすわけであるから、微妙な問題である。

港は、沿岸国の主権の下にあるため、外国船舶の出入りを禁止できる。しかし、不可抗力、たとえば天災による遭難や急病人が出たときなどは、禁止された港にも入港できる。積卸しと積込み、投錨のための停泊地は、内水ではなく領海である（海洋法条約12条）。

8　寄港中の外国船舶に対する沿岸国の管轄権

この問題については、領海条約も海洋法条約も規定がないため、国際慣習法の規則によることになる。一般に港その他の内水にある外国商船と船内にいる人は、沿岸国の領域主権に基づく管轄権に服する。すなわち、刑事・民事事件の双方において領域国の法と裁判権に服するのである。しかし、船舶も国籍を持つので、旗国との管轄権の競合が生ずる場合がある。この沿岸国の管轄権行使については、英米主義とフランス主義の対立があった。

英米主義は、港内に停泊中の外国船舶と船内にいる人には沿岸国が刑事裁判権を有するのが原則であるとする立場で、裁判権を行使しないのは国際礼譲であるとする。これに対し、フランス主義は、船舶の内部規律に関する問題や船員間の犯罪については船舶の旗国の裁判権が認められるとする立場である。ただし、船長や領事が援助を求めたり、公序が害されるような犯罪については、沿岸国が刑事裁判権を行使する。

わが国は戦前よりフランス主義を採用していたが、その後の国家実行においては、両者は一致する場合が多いといわれる。また、最近では、2国間の条約などにより沿岸国と旗国が実際に刑事裁判権を行使できる特定の犯罪を規定するようになり、上記2主義の調整が図られている。

上の場合と異なり、軍艦については免除が認められ、沿岸国は管轄権を行使することができない。2012年に、国際海洋法裁判所は、停泊中の外国軍艦を差し押さえたリベルタード号事件（アルゼンチン対ガーナ）について、全員一致で「一般国際法上、軍艦は内水においても免除を享有する」と判示して、同船を無条件に釈放するよう暫定措置命令を発した（また、1812年エクスチェンジ号事件米最高裁判決参照）。軍艦の乗組員については、原則として旗国の管轄権に服し、彼らが上陸中に行った犯罪については、本国が裁判権を持つが、公務外の犯罪については、沿岸国が刑事管轄権を持つ（神戸英水兵事件。大阪高裁判決1952年11月5日）。

9　湾

国家の領土主権は、陸地に囲まれ、かつ陸地に従属すると見なされる湾に広がっている。これらの海の部分に対する沿岸国の支配権は、陸地や他の内水に対する支配権と全く変わらない。そして、領海の基線は、通常基線によらず、湾の閉鎖線（直線基線）を用いる。

海洋法条約は、単一の国の海岸である湾についてのみ定める（10条(1)）。そうした湾が国際法上沿岸国により内水と主張されるためには、2つの要件が満たされなければならない。

① 陸地に明白な入り込みがなければならない（同条⑵）。

② いわゆる歴史的湾の場合を除いて、①の基準を満たす湾は、次の数値を満たさなければならない。

⑴ 湾口、すなわち湾の天然の入口の両方の間の距離が24カイリを超えないこと（同条⑷）。

⑵ 湾口を横切って引いた線を直径とする半円の面積よりも、湾入が陸地に食い込んでいる面積が大きいこと（同条⑵）。

以上のように、陸地に支配された水域を内水にするためには陸と海との密接さが必要なのである。

湾口に島が存在する場合、湾口の線の長さは、島の部分を除いた長さとなる。湾内にある島は、湾入内の水域と見なされる（同条⑶）。

湾の「天然の入口」（同条⑷）という用語は、若干の問題を生ずる。天然の入口の設定は、上述①の基準と②の基準の双方に関連する。湾口の距離が24カイリを超える場合、湾口の24カイリ閉鎖線は、最大の水域を囲むような方法で引かなければならない（同条⑸）。

ちなみに、湾口の長さは以前は10カイリ以下が主張されており、英米間の北大西洋沿岸漁業事件仲裁判決（1910年）で認められた。しかし、国際司法裁判所は、ノルウェー漁業事件で、この湾口10カイリ規則の一般性を否定した。その後、領海条約７条で、24カイリ規則が採用された。

10　歴史的湾

領海条約７条と海洋法条約10条が規定していない湾が２種類ある。１は、歴史的湾であり、他は、沿岸国が２以上ある湾である。両者に共通するのは、通常の湾の要件が適用されないことである。

歴史的湾は、湾に関する国際法の一般的規則（海洋法条約10条）を適用すると湾とはならず、内水の性質を有しない水域でも、沿岸国が歴史上長期にわたって平穏かつ継続的に主権を行使し、この実行を外国が明示的・黙示的に認めてきた場合には、内水の性質を有するとされるものをいう。

歴史的湾として認められる際の問題点の第１は、歴史上長期にわたって継続的にといった場合、その期間の長さと中断の有無であろう。第２の問題点は、他国による黙認である。後者の場合、歴史的湾の宣言に対する抗議の形で現れることが多い。たとえば、1957年7月21日の旧ソ連（現ロシア）最高幹部会布告は、沿海州のチユメン・ウラ川口とポポロトヌイ岬を結ぶピョートル大帝湾（湾口102カイリ）を歴史的湾と主張し、その通航と上空飛行には許可が必要とした。これに対し、わが国は直ちに異議申立てを行った。また、1973年10月のリビア革命評議会声明によるシドラ湾（湾口296カイリ）の歴史的水域の主張には、米英ソはじめ6か国が抗議を行った。

つぎに、2以上の沿岸国が囲む湾は、世界に40ほどあるが、領海条約も海洋法条約も規定を持たないので、国際慣習法に従うことになる。慣習法についても争いがあるが、国際実行としての国際司法裁判所の判決（1992年9月11日）を見てみよう。

【領土・島・海洋境界紛争（1992年）】 この事件は、フォンセカ湾の沿岸国であるエルサルバドルとホンジュラスとで同湾の法的地位と境界を争ったものである（フォンセカ湾の沿岸国であるニカラグアも同湾の法的地位について利害を有するとして、訴訟参加した）。92年の判決は、1917年の中米司法裁判所の判決を確認し、同湾の法的地位は内水であり、また歴史的に湾内の水域は境界画定のないまま利用されてきたので、同湾は3国の共同領有、つまり3国が共有する閉鎖海の性質を帯びた歴史的湾であるとした。ちなみに、1917年の判決は、フォンセカ湾を湾口19カイリの領海の特徴を持つ歴史的湾であるとしていた。

第3節　直線基線

1　沿岸群島と直線基線

基線には、通常基線と直線基線があると述べた（30頁）。直線基線は、海岸線が著しく曲折したり海岸に沿って近くに一連の島がある場合などに用いられるが（海洋法条約7条(1)）、そのほか、群島、河口、湾などにも引かれる。群島は、沿岸群島と大洋群島に分かれる。

沿岸群島に引かれる直線基線は、一定の条件を満たす必要がある。つまり、直線基線は海岸の全般的な方向から著しく離れて引いてはならず、またその内側の水域は、陸地と十分に密接な関連を有さなければならない（海洋法条約7

条(3))。なお、沿岸国は、直線基線の採用により新たに内水に取り込むことになった海域には無害通航権を認めなければならない（８条(2))。

【ノルウェー漁業事件】 以上の規定は、1951年12月18日の国際司法裁判所のノルウェー漁業事件判決に基礎がある。同事件の争点の１つは、基線設定のための国際法原則の確認であった。第１次世界大戦後イギリス漁船とのトラブルが頻発したため、ノルウェーは1935年の勅令で漁業区域を定めた。判決は、ノルウェーが領海を測定する基線の画定方法として採用した直線基線の方法は国際法に違反しないとした。直線基線の方法は、同国の海岸に特有な地形が課したものであり、不断にしてかつ十分に長期にわたる実行によって凝固していた。この直線基線の方法は、イギリスを含む諸国が黙認してきたので、上記勅令は国際法上有効とされた。

2　わが国の直線基線

わが国について、1996年６月14日に改正された領海法は、直線基線を採用し（２条(1))、新しい領海の範囲を確定した。この新法によって、従来領海外であった水域が領海となった。新法制定の背景には、1977年の漁業水域暫定措置法の制定に際し、韓国と中国が200カイリ水域を設定していなかったため、わが国は東経135度以西の日本海と東シナ海を漁業水域から除外し、韓国漁船の日本沿岸での操業を認めてきたが、その後日本の漁業関係者が規制強化を求めるようになったという事情があった。

【韓国漁船拿捕事件】 韓国漁船（テドン号）が島根県の沖合で操業中に、外国人漁業規制法違反で拿捕された。当時日韓両国は新しい漁業協定締結の交渉中であったが合意に至らなかったため、96年にわが国は領海法を改正した。事件は、1965年の旧日韓漁業協定上の漁業水域と1996年の改正領海法で直線基線によって新しく領海となった水域に喰い違いが生じたために起こったものである。

結局、管轄権は、わが国の12カイリ漁業水域外なら韓国が、領海内なら日本が持つことになる。韓国側は、1965年の旧協定では直線基線を引く場合、協議を行うと定められていたのに（同協定１条(1)但書)、協議が行われなかったと主張した。松江地裁判決（1997年８月15日）は、漁船の拿捕地点は旧協定の漁業水域外なので、日本に裁判権がないとした。しかし、広島高裁判決（98年９月11

第3－1図　1997年６月の韓国漁船拿捕現場

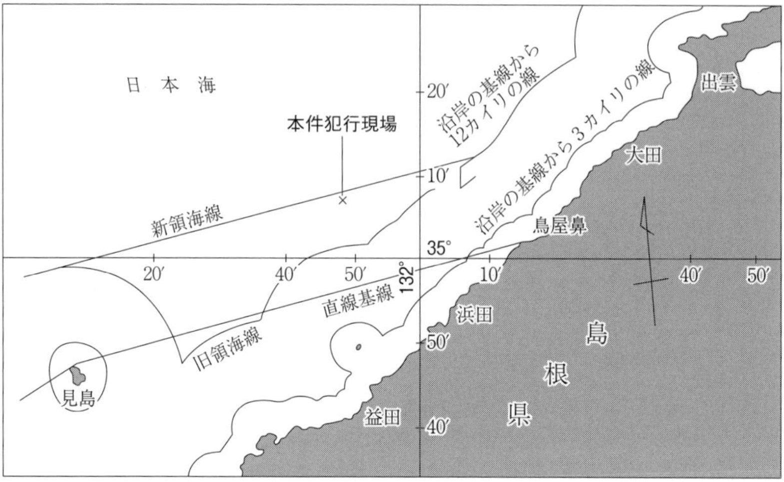

出典：芹田健太郎『島の領有と経済水域の境界画定』（有信堂、1999年）28頁。

日）は、旧協定は漁業水域を定めたのであり、領海設定に制約を課すものではないので、拿捕地点は適法に日本の領海内であるとして、原判決を破棄した。

なお、同じく直線基線の設定で日本の内水となった長崎沖の水域で操業していた韓国漁船を領海外の公海で拿捕した事件があるが、長崎地裁判決（1998年６月24日）、福岡高裁判決（99年４月28日）とも日本の裁判権を認めた。

事件は、最高裁に上告されたが、99年11月30日に両事件とも原判決が支持され、わが国の裁判権が旧協定４条１項で制限されないと判示された。なお、新領海法の定めた直線基線は、海洋法条約７条１項および３項の定める条件に従ったものであることが注意される。

3　群島国

直線基線が、複雑な海岸線や海岸に沿って一連の島がある場合に引かれることは前述した。他方、海洋法条約上、群島国は、自国の領海、接続水域、排他的経済水域や大陸棚を設定するときに直線基線を用いることができる。

群島国とは、1958年の第１次海洋法会議におけるフィリピンの提案に認められる。それによれば、「海岸の沖にある島々が互いに接近していて、密集した全体を構成し、歴史的に単一体と認められてきたときは、それらを一体として扱い、その領海を測定するのに直線基線を適用することができる。基線は、最も外側の島の海岸に沿って引かれる。この基線の内の水域は、内水と認められる」。

当時この提案を支持する国はほとんどなく、結局フィリピンもこれを撤回した。このフィリピンの提案が、第３次海洋法会議で採用され、現在の46条以下となった。フィリピンの提案でもわかる通り、海洋法条約46条以下の規定は、７条の沿岸群島の直線基線とは、全く異なるものである。つまり、直線基線が引かれる対象が、大洋群島国なのである。

大洋群島国とは、フィリピンの例が示すように、１以上の群島からなる国である（46条(a)）。群島とは、島の集団または島の一部、相互に関連する水域などの天然の地形がきわめて密接なため、これらが１つの地理的、経済的および政治的単位となっているか、歴史的にそのようなものと認められているもの（同条(b)）である。群島基線を設定している代表的な国としては、フィジー、バハマ、パプア・ニューギニアなどがある。

4　群島直線基線

群島国は、一定の基準を満たした場合に直線基線（群島直線基線）を適用できるが、領海、接続水域、排他的経済水域、大陸棚はすべて、群島直線基線から沖側に測定される（48条）。基線の内部は、群島水域であり、国家の主権は、その深さや海岸からの距離にかかわりなく、これらの水域、その上空、その下の海底およびそこに含まれる資源に及ぶ（49条(1)、(2)）。

5　群島水域

多くの島からなる国家を群島というが、群島国の特徴は、領海の内側に群島水域と呼ばれる水域を含むことである。群島水域は、群島基線によって囲まれ画定される。群島基線は、群島の全般的な輪郭に沿って引かれることになるが(47条(3))、それを引くための条件は、つぎの通りである。

① 基線の内側の水域と陸地の面積の比が、１対１から９対１の間となること（同条(1)）。

第3－2図　インドネシア1960年緊急勅令第４号インドネシア群島国家宣言

② 直線基線の長さは、100カイリを超えないこと。ただし、全体の３％は、最長125カイリまで許される（同条(2)）。

なお、わが国やイギリス、ニュージーランドなどは、上記条件を満たさないため、群島国ではない。

また、群島国は、群島水域内で、湾、河口などの内水のための通常の規則に従って、内水画定のための閉鎖線を引くことができる（50条）。

6　群島水域の法的地位

群島水域は、内水であるか。この問題は、同水域が群島の領海基線の陸側、つまり領海の内側にあるので、論争になる。この水域は、形式的には内水といえるかもしれない。注意すべきは、その内部の通航権の問題であるが、群島水域内での群島航路帯通航権については、第４章第４節で論ずる。

もともと基線が、領海と内水を分ける基準であれば、群島水域は内水となるが、海洋法条約では、群島水域の内部に湾や河口、港といった内水の存在を認めているので、内水のなかに内水があることになる。また、群島水域のなかで、外国船舶の無害通航権（52条）や外国船舶と航空機に航路帯と航空路における群島航路帯通航権が認められている（53条）ことも注意すべきであろう。

以上により、群島水域は内水であるとの位置づけでは割りきれない特殊な水域であることがはっきりしてきた。したがって、群島水域は、固有の水域ないし第三の水域と見なさざるを得ない。

なお、群島水域においては、群島国は、他国との既存の協定の遵守義務、隣接国の伝統的な漁獲権およびその他の適法活動の遵守のほか、既設の海底電線の尊重義務を負う（51条）。

第４章　国際海峡

19世紀の代表的国際法学者ホイートン（Henry Wheaton）は、たとえジブラルタル海峡が、大砲で支配し得るほど狭くても、その通航はすべての国民に開放されるものである。なぜなら、大西洋と地中海の航行は、すべての国民に開放されているからである、と述べた。

本章では、石油資源の乏しいわが国の石油供給のための重要な航路たる国際海峡のほか、国際化された海路として国際河川と国際運河も取り上げる。

第１節　国際海峡の概念

１　海峡の定義と歴史

海峡は、法律用語ではない。海洋法条約にも海峡の定義はない。

海峡とは、一般的に２つの公海の部分を結ぶ、陸と陸とに挟まれた狭い水域をいう。そして、国際海峡か否かの基準は、地理的な基準と機能的な基準とに分かれる。たとえば、公海と公海を結ぶというのが前者であり、国際航行に使用されている、というのが後者である。それが、国際航行に使用されると、国際海峡となるが、国際水路である海峡が公海のなかにあれば、特別な法的問題は生じないのである。

海峡は、両岸が１つの国の場合と２以上の国に挟まれる場合とがある。海峡の幅が領海の幅の２倍以内であれば、海峡部分はすべて領海となる。

1958年の領海条約以前は、海峡制度は慣習法によって定められていた。つまり、海峡部分に公海が残れば、航行の自由が認められた。海峡部分がすべて領海であれば、外国船舶は無害通航権を行使した。海峡の無害通航権は、沿岸国の平和と安全との兼ね合いで問題となり得る（14条⑷）。

このように、通常の領海は、無害でない通航の防止のため、部分的な閉鎖が許されるのに対して、国際海峡では、閉鎖が禁止され、また無害通航の一般的な停止も禁止されてきたのである。たとえば、1894年の万国国際法学会の領海に関する決議では、国際海峡での無害通航の適用を確保するとともに、幅12カイリ以内の海峡（この決議では、領海は６カイリとされた）では、領海の制度が、適用されるとしつつ、「公海と他の公海との通航に使用される海峡は閉鎖しえない」と定められた。

こうした海峡の非閉鎖性の根拠は、海峡が２つの公海を結ぶ重要な水路であって、国際交通の上からも絶対に必要な要請であったといってよかろう。

20世紀に入り、国際会議で当時の国際法の規則が示された。1907年ハーグ第13条約（海戦中立条約）の審議で、中立国は、公海の２つの部分をつないでいる海峡では通航を禁止できないとされ、海峡では、沿岸国の侵犯防止義務も免除されるべきとされた。1930年のハーグ国際法典編纂会議では、多くの国が、海峡は沿岸国の領海であるため、商船にも軍艦にも無害通航権が与えられるべきであると主張した。

2　コルフ海峡事件と海峡通航権

当時のこうした考えは、国際司法裁判所のコルフ海峡事件判決（1949年４月９日）に反映されている。

【コルフ海峡事件（1949年）】　同事件は、イギリスの軍艦が、アルバニア領海内のコルフ海峡を通航中に触雷し大破、多くの死傷者を出した事故に端を発するものである。イギリスは、海峡通航に事前許可を求めるアルバニアの法令に従わずに、同海峡を通る軍艦の国際海峡通航権を主張したが、アルバニアは、この通航で自国の主権が侵害されたと反論した。アルバニアは、同水域はアドリア海とエーゲ海の間の唯一の航路ではなく、もっぱら地域的な交通のために使用されていたので、国際航行に使用される海峡ではないと論じた。事件を付託された国際司法裁判所は、「国際航行に使用される」海峡について考察し、結局、アルバニアの議論をしりぞけて、決定的な基準は、２つの公海部分を結ぶという地理的位置と国際航行に使用されているという事実であって、国際通商のための有用な航路であれば、それで十分であるとした。なお、裁判所は、領域使用管理責任原則と同旨原則を適用して、アルバニアに責任ありとした。

また、いずれの国も海峡通航を完全に停止する権利を有さないし、また、特別な許可を条件とすることによって、通航権の存在を否定する権利も持たないとした。以上のコルフ海峡事件の判旨は、領海条約に反映された。

3　領海条約と海峡の通航権

国際海峡の通航制度は、現行法上２つの制度に分けることができる。１は、領海条約の適用される海峡で、他は、特別な条約が適用される海峡である。

まず領海条約は、外国船舶の無害通航権を規定しているので（14条(1)）、国際海峡においても同様となる。同条約は、国際海峡につき規定しているのは、16条４項だけで、同規定は、公海の一部と公海の他の部分の間または外国の領海との間の領海部分が国際航行に使用される海峡になる場合に適用される。同海峡では無害通航権を停止する沿岸国の権限は存在せず、国際海峡の通航権は、外国船舶に有利に、他の領海通航よりもかなり自由に永年認められてきた。

16条４項で注意すべきは、「国際航行に使用される」の文言に「通常」の語がつかなかったことである。「通常」の語がつかなかったことにより、いやしくも国際航行に使用されていれば、通常使用されていなくても、無害通航権を停止できなくなった。なお、領海内における航行、漁業および裁判権に関する国際法のすべての規則は、領海である国際海峡内における上記の事項に同様に適用される。

4　軍艦の海峡通航権

外国の軍艦は、国際通商の公道の一部としての国際海峡の無害通航権を有するか。領海条約16条４項は、前述のコルフ海峡事件判決に基づくものであった。国際司法裁判所は、次のように述べ、通航が無害であることを条件に、軍艦は平時において海峡の通航権を有するとしたのである。

> 国家は、平時に、公海の２つの部分の間の国際航行に使用される海峡を、沿岸国の事前の許可なしに、自国軍艦を通航させる権利を持つ。裁判所の意見では、これは一般に承認されたことで、国際慣習に一致している。ただし、この通航が無害であることを条件とする。国際条約にこれと異なる

規定があるのであれば、沿岸国は平時に、このような海峡の通航を禁止する権利を持たない。

つまり、同判決は、沿岸国が停止しえない軍艦の国際海峡における無害通航権の存在を慣習法上確認したものといえる。

以上の趣旨は、領海条約16条4項に反映されている。しかし、同判決は、領海上空では無害通航権を持たない航空機が、領海内の海峡部分で上空飛行権を持つのか、といった問題を明確には解決しなかった。

【チラン海峡】　領海条約16条4項の「公海の一部分と外国の領海との間」の海峡は、チラン海峡を念頭に置いたものだといわれる。同海峡は、アカバ湾の紅海への出入口にあるが、湾の入口には2つの島があって、これらが湾口をさらに狭めている。アカバ湾は、東がサウジ・アラビア、西がエジプトのシナイ半島で囲まれており、湾の奥にイスラエルとヨルダンの海岸がある。

アカバ湾は、湾口が9カイリで、湾入が100カイリ以上あるが、湾を囲む国が4か国なので、領海条約上の湾ではない。同湾について、サウジ・アラビアは、内水ないし閉鎖海として国際航行を拒否するが、英米とイスラエルは、国際航行が認められるべきであるとする。結局、アカバ湾は、湾内に公海が存在しないため、沿岸国の領海からなる湾である。領海条約16条4項は、この問題に決着をつけたわけで、チラン海峡はエジプトの領海であるが、国際海峡として、無害通航権は停止してはならない。

ちなみに、1979年3月26日のエジプト・イスラエル間の平和条約は、チラン海峡とアカバ湾の「妨害・停止されない航行及び上空飛行の自由」を再確認している（5条(2)）。

以上の状況は、1982年海洋法条約の成立により、修正されることになる。その過程は、つぎの第2節で述べる。

5　ダーダネルス・ボスポラス海峡

つぎに、特別な条約の適用される海峡（たとえば、ダーダネルス・ボスポラス海峡〈コンスタンチノープル海峡〉、マゼラン海峡、デンマーク海峡など）であるが、それぞれの法的規制は、各海峡にかかわる条約の問題とされた。代表的なものとしては、ダーダネルス・ボスポラス海峡に関する1936年のモントルー条約（「海峡制度ニ関スル条約」）の例があげられる。

かつて海峡といえば、同海峡のことで、古来戦略的に重要な位置を占めていたため、ヨーロッパ諸国の関心を集めていた。同海峡は、ダーダネルス海峡、マルメラ海、ボスポラス海峡からなり、海峡部分の広さはわずか3カイリである。同海峡は、1453年にオスマントルコが黒海を内海として以来、絶えず国際問題となった。通航制度もいくたびか変わってきたが、条約で確認された外国軍艦の通過を禁止するトルコの権利は、1923年のローザンヌ条約とそれに代わる1936年のモントルー条約（「海峡制度ニ関スル条約」）のいずれによっても変更されなかった。現行条約であるモントルー条約を見てみよう。

同条約は、平時と戦時とに分け、かつ商船と軍艦とに分けて規定している。まず平時において、すべての商船は通過および航行の完全な自由を享有する（2条）。外国軍艦は、総トン数1万5000トン、総数9隻までの通過が認められる。なお、黒海の沿岸国の軍艦については、この制限がない（14条）。また、潜水艦は、黒海沿岸国のものに限り、一定の条件で通航が認められる（12条）。

戦時には、トルコが非交戦国であれば、軍艦は平時と同様に通過および航行の完全な自由を享有する（19条）。トルコが交戦状態にあるときは、軍艦の通過は、トルコの裁量に任されることになる（20条）。

第2節　海洋法条約と海峡の通過通航権

1　途上国と先進国の対立と妥協

第3次海洋法会議では、領海12カイリが合意されたことで、国際海峡制度が大きな変更を受けた。つまり、第1次海洋法会議当時、大半の国が領海3カイリ支持であったため、幅6カイリ以内の海峡が問題となっただけであったのに対して、第3次海洋法会議では、24カイリ以内の海峡が問題となったのである。条約の国際海峡制度の適用が大幅に増えたわけである。

また、同会議では、世界の主要な交通路である国際海峡に対する領海12カイリの効果について懸念が表明された。停止されない無害通航制度だけでは、もはや国際海峡を通る船舶と航空機（軍艦、軍用機を含む）を守るのに十分でないと感じられたのである。

第３次海洋法会議の審議において、２つのグループ間の対立があった。

１は、伝統的な海洋先進国の主張、他は、開発途上国の主張であった。先陣を切ったのは、1971年のアメリカ提案と1972年のソビエト提案であった。前者は、公海の一部と他の部分または外国の領海との間の国際海峡において、すべての船舶と航空機は、その海峡を通過するため公海におけるのと同様の航行の自由を持つというものであった。後者も、公海と外国の領海を結ぶ海峡を除外した以外は、前者と同じ趣旨であった。これらは、伝統的な領海における無害通航制度の例外を設けて、領海拡大の動きに対処しようとした。つまり、領海の拡大によって生ずる国際海峡における通航権への障害、たとえば、原子力潜水艦の浮上と国旗の掲揚、上空飛行の自由の制限を排する目的で、船舶と航空機が通過の目的なら国際海峡においても、公海と同様の完全な自由を確保しようとするものであった。

これに対して、翌73年のいわゆる海峡沿岸８か国（インドネシア、マレーシア、モロッコ、スペイン、イエメン、キプロス、ギリシア、フィリピン）の提案は、国際海峡も沿岸国の領域の一部とするもので、領海の通航と国際海峡の通航制度は何ら異なるものではない。航行規則の制定や航路帯と分離通航帯の設定など、沿岸国の領海として一体として扱われるべきであるとした。同提案はまた、伝統的に無害通航権が沿岸国の利益と国際交通の利益とのバランスをとり得る最も良い制度であり、また、海上交通の現状から見ても、軍艦の通航だけでなく、原子力船や核兵器あるいは核物質等の有害物質の運搬船、タンカー等の通航に関しても、海峡沿岸国が、事前の通告ないし許可を要求することが認められ、かつ特別な通航規則に従わなければならないとした。

以上のような先進海洋国と海峡沿岸国との対立はなかなか妥協の余地のないもののように見えたが、それを解決したのが、イギリスが第２会期で出した提案「領海と海峡に関する条文案」であった。

それは、国際海峡の通航について、自由航行でも無害通航でもない、第三の制度の提案であった。それが、海峡通航のための、「通過通航制度」である。これは、海峡通航国の通航の利益と海峡沿岸国の利益との合理的調整をめざしたものであり、海洋法会議の参加国のコンセンサスを得ることに成功したのであるが、従来の無害通航権より強い通航権と解される。

2　通過通航制度

通過通航制度は、その後の会期でも実質的な変更を受けることなく、現在の海洋法条約の第3部「国際航行に使用されている海峡」の規定になった。「総則」は、通航制度は通航以外の点においては、当該海峡の法的地位に影響を及ぼさず、国際海峡の部分に対する海峡沿岸国の主権や管轄権の行使に影響を及ぼさないと定める（34条(1)）。また、問題は広い海峡ではなく海峡沿岸国の領海部分と重なるような狭い海峡について生ずるので、この制度は、航行上や水路上の特性においてこの海峡部分と同様に便利な公海または排他的経済水域の航路が海峡内に存在するときは、適用されない（36条）。さらに、この制度が内水、排他的経済水域、公海などに影響を及ぼさないとの規定（35条）は当然である。

同条約は、国際海峡を3つの通航制度に分けて規定する。まず、①通過通航制度（第3部第2節）、②無害通航制度（第3部第3節）、③特別な通航制度（35条(c)）である。

まず第3部第2節は、「通過通航」と題して、この新しい制度の本質を述べる。適用範囲として、この制度は、公海または排他的経済水域の一部と公海または排他的経済水域の他の部分を結ぶ国際海峡について適用される（37条）。

国際海峡において、すべての船舶と航空機は通過通航権を有するが、この権利は害されない（38条(1)）。そして、通過通航とは、国際海峡において、継続的かつ迅速な通過が航行と上空飛行の自由として行使されるのである（同条(2)）。

しかし、通過通航中の船舶と航空機は、遅滞のない通過義務と武力不行使義務が課されるが（39条(1)）、国際的規則等も遵守しなければならない（同条(2)）。海峡を通過通航中の航空機は、民間・国有それぞれ必要な航空規則や安全措置を遵守し、国際的に割り当てられた無線周波数や国際遭難無線周波数を聴取する（同条(3)）。なお、通過通航中の海洋調査船や水路測量船は、沿岸国の事前の許可なく、調査や測量を行うことができない（40条）。

なお、通過通航は、国際航行に使用されているが、海峡沿岸国と島によって形成されている海峡で、島の沖側に便利な公海の航路がある場合（たとえば、イタリア本土とシシリー島との間のメッシナ海峡など）には適用されない（38条(1)）。

通過通航権は、適用上無害通航とは本質的に異なる。この権利はすべての船舶と航空機が有すべきであって、妨げられない。無害通航は、航空機には全く適用されず、水中船は、海面上を航行するよう求められる。しかし、通過通航権を行使する潜水船は、潜水できる。さらに、一定の事情で停止されうる無害通航と異なり、通過通航は停止できない（20条、42条(2)、44条）。

さらに、海洋法条約第3部は、公私、軍民の違いがあるが、通過中の船舶と航空機の義務について定める。海峡沿岸国は、船舶の安全な通航の促進のため必要に応じて航路帯と分離通航帯を指定できるが、これらは、一般に認められた国際的な規則に一致しなければならず、また、国家は、航路帯の指定、変更、分離通航帯の設定、変更を行う前に、権限ある国際機関（IMOなど）にその旨の提案を行う（41条(1)、(3)、(4)）。

3　海峡沿岸国の法令制定権と義務

国際海峡の沿岸国は、海峡通過通航に関する法令制定権を有する。たとえば、航行の安全や海上交通の規制、汚染の防止と規制、漁獲の防止ならびに通関、財政、出入国管理等の法令に違反する人や物の積込みと積卸しなどに関してである（42条(1)）。これら法令は公表され、外国船舶はこれらを遵守することを求められるが、法律上も事実上も外国船舶間で差別してはならず、また通過通航権を否定したり、妨げる効果を持ったりしてはならない（同条(2)、(3)、(4)）。ただし、海洋汚染の防止については、第XII部において、個別の規定が置かれているため、留意する必要がある（233条）。

海峡沿岸国と海峡利用国（旗国）は、航行、安全のため必要な援助施設や他の改善措置の設定・維持について、さらに、船舶からの汚染の防止と規制についても、両者は合意して協力するよう求められる（43条）。

なお、海峡沿岸国の義務としては、通過通航権を妨害しないことと自らが了知している危険情報を公表することと並んで、実際に停止しない義務が課せられている（44条）。

4　海峡の無害通航権

海洋法条約第3部第3節は、「無害通航」と題して、無害通航制度（第II部第3節）を定める（45条）。同規定は、つぎの3点を定める。①通過通航制度が適用されない国際海峡における無害通航権の確保。②公海または排他的経済水域と外国の領海との間の海峡における無害通航権の確保。③以上の海峡における無害通航は、停止してはならないこと。

5　通過通航制度の適用されない海峡

条約35条(c)は、長期間存在し現に効力ある国際条約が規制する海峡制度には、本条約は影響を及ぼさないと定めている。以下、通過通航制度の適用のない国際海峡についてまとめてみよう。

① 特定の海峡について定める長期間有効な国際条約がその通航について規制している場合：例として、前述のダーダネルス・ボスポラス海峡、デンマーク海峡、マゼラン海峡があげられる。この場合が、前述の特別な通航制度にあたる。

② 領海の画定後も公海あるいは排他的経済水域の航路が海峡内に残る場合(36条)：この海峡の場合、領海部分を通航すれば、無害通航権が、それ以外の海域では航行の自由が認められる。例として、朝鮮海峡（幅は約27カイリ)、台湾海峡（幅が約74カイリ)、などがあげられる。

③ 海峡が本土の沖合にある島との間に存在する場合、その島の沖側に同様に便利な公海あるいは排他的経済水域の航路が存在する海峡 (38条(1)但書)には無害通航が適用される (45条(1)(a))。

④ 公海または排他的経済水域と他国の領海との間にある海峡 (45条(1)(b))海峡にも、無害通航が適用される。例としてチラン海峡がある。

なお、③および④の無害通航権は停止してはならない。

第３節　その他の国際海峡

1　わが国の国際海峡

1977年の領海法は、国際海峡、とくに宗谷海峡、津軽海峡、対馬海峡東・西水道、大隅海峡の５海峡については、当分の間領海３カイリを従来通り適用したため、公海の航路が残ることになった。これは、旧ソ連の潜水艦等との無用なトラブルを避ける意味があったとされる。その後、1996年の同法改正によっ

第4−1図　わが国の特定５海域

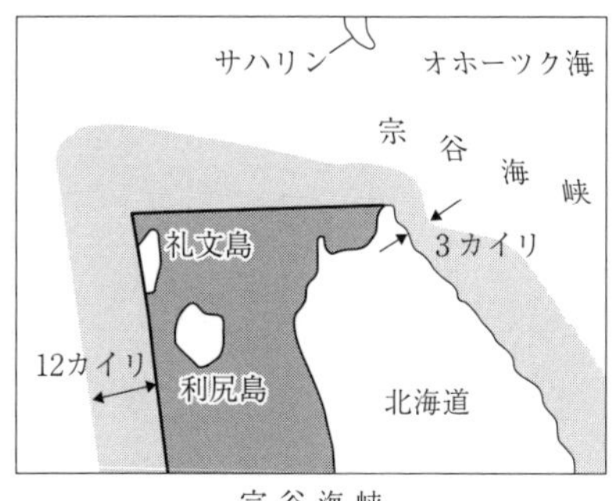

宗谷海峡

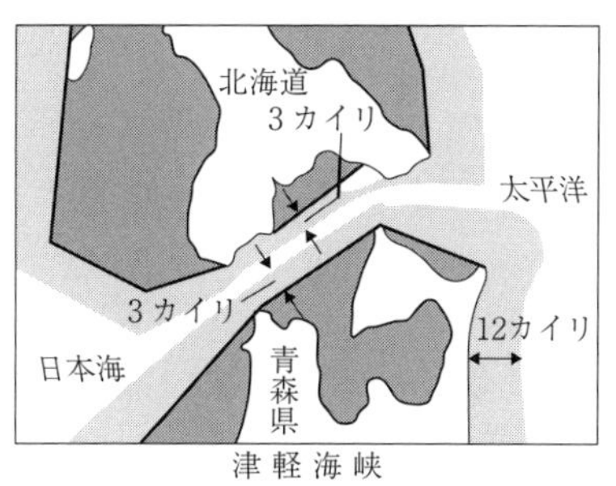

津軽海峡

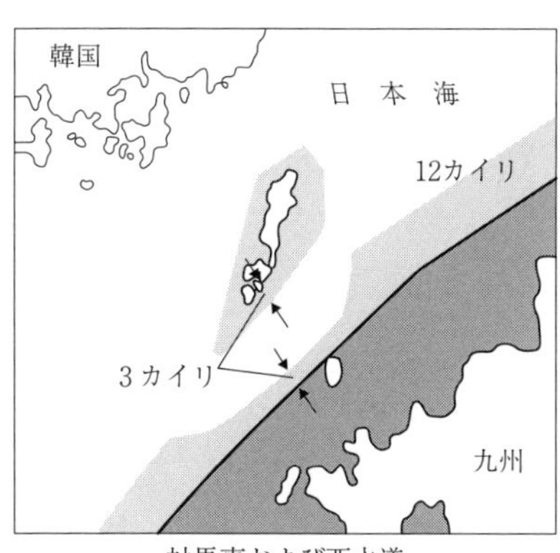

対馬東および西水道

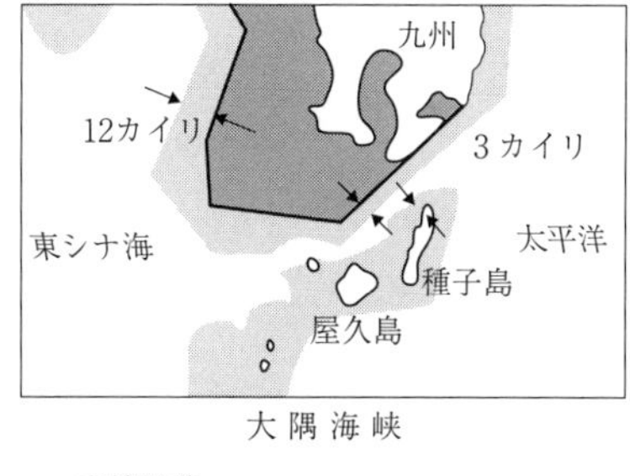

大隅海峡

直線基線
内　水
領　海

出典：日本海運振興会国際海運問題研究会編『海洋法と船舶の通航』（成山堂、2002年）24頁より作成。

ても、この点は変更が加えられず、現在でも、この５海峡については３カイリ凍結が続いている（上図参照）。

ちなみに、わが国には最も狭い部分の幅員が24カイリ以内の海峡が５海峡以外にも、約64か所存在するとされる。それらの海峡のうち、とくに吐噶喇（トカラ）海峡については、2016年以降、中国およびロシアの軍艦が、意図的に通航する事例が発生している。中国政府は、それらの海域が海洋法条約での国際海峡に該当するとして、通過通航権の適用を主張している。

2　マラッカ・シンガポール海峡

同海峡は、太平洋とインド洋を結ぶ重要な航路であり、かつ戦略上もきわめて重要性が高いといわれる。地理的には、マレー半島とスマトラ島の間(マラッカ海峡)、マレーシア、シンガポールとインドネシアとの間（シンガポール海峡）に位置する。その延長は約260カイリ、幅は最も狭い所で約20km、シンガポール海峡は幅約２km に満たないもので、水深は約10～20m で、海の難所といわれる。

交通量は、2012年のデータで、年間延べ12万７千隻の船舶が通航しており、その貨物量は約70億トンに上るとされる。2004年のデータと比較すると、隻数で約35％、貨物量では約74％も増加している。狭い海峡にこれだけの交通量があり、事故の可能性も高い。これまでの最大の事故は、1975年の祥和丸座礁事故であった。その後、タンカーへの海賊、つまり武装強盗が頻発しており、テロの危険も指摘されている。

マレーシアとインドネシアは、ともに12カイリ領海制度を採用したので（インドネシアは1957年に、マレーシアは1969年に)、同海峡には、公海部分がなくなることになった。1971年11月16日の沿岸３か国の共同声明で、同海峡は国際海峡ではないとされていたが、沿岸３か国とも現在は海洋法条約の締約国になっているため（インドネシアは1986年２月３日、シンガポールは1994年11月17日、マレーシアは1996年10月14日)、前記共同声明は、事実上意味を失った。

同海峡の上空飛行については、両国が、領海12カイリを設定し、海峡部分に公海がなくなったため、軍用・民間航空機の同海峡の上空飛行の自由も、その時点で消滅した。しかし、1994年11月の海洋法条約の発効と沿岸３か国の条約加入で国際海峡の通過通航制度が採用され、問題は解決された。

なお、沿岸３か国は、航行の安全と環境の保護のための措置、援助施設の設置等を行っている。たとえば、祥和丸事故を受けて、1977年に３国で安全航行のため協定を結んだ。さらに、1998年に国際海事機関（IMO）が採択した「マラッカ・シンガポール海峡における強制的船舶通航制度」では、一定船舶の船名、船荷等の通報が義務づけられており、マレーシアとシンガポールは、自らの負担で陸上局と監視装置を設置した。これらの負担は、海峡沿岸国と海峡利用国とで応分に負担すべきであろう。わが国も支援の方向で動いているが、現実には沿岸国に任されることが多く、課徴金は海洋法条約43条にいう合意の問題も含めてむずかしい問題である。

3　ホルムズ海峡

イランとオマーンの間に位置する同海峡は、内海たるペルシャ湾と外海のアラビア海を結んでいる。最も狭い箇所は18カイリで、国際分離通航帯が、北と中央とに設けられている。2018年度の統計で、世界で消費される石油の約21％、LNGの約25％が同海峡を通っており、原油輸入量の88％を中東地域に依存しているわが国にとって、最重要通路の１つである。

2015年の国会での集団的自衛権論議の際にも、同海峡が機雷敷設された場合、わが国が武力攻撃された場合と同様、深刻かつ重大な被害が及ぶため、武力行使にあたる機雷掃海も自衛のため必要最小限度の措置として憲法上許されると答弁されたことは、記憶に新しい。

2018年５月のアメリカによるイランとの核合意離脱以降、同海峡を通航するタンカーが攻撃を受ける事案が発生している。ただ、近年では、同海峡の両岸（イランおよびUAE、オマーン）で、大規模な石油パイプラインの建設および運用がなされており、同海峡を通航するタンカーは今後減少することが見込まれる。

第４節　群島水域における通航権

群島水域内の外国船舶の通航権については、同水域の設定により従来使用されてきた国際交通の要路が同水域内に含まれてしまうため、海洋法条約上２つの制度が適用される。

まず、一般的な規則として、外国船舶は、群島水域内で無害通航権を享有する（52条(1)）。つぎに、特別な規則として、53条１項に基づいて指定された航路帯と航空路帯において、すべての船舶と航空機が、群島航路帯通航権を有する（53条）。これは、国際海峡における通航制度に類似の制度である。

1　群島航路帯通航権

群島国は、自国の群島、領海およびそれらの上空において外国船舶と航空機の継続的かつ迅速な通航に適した航路帯と航空路を指定でき（53条(1)）、すべての外国の船舶と航空機が、この航路帯と航空路において有する群島航路帯通航権は、すべての船舶と航空機のためのもので、公海または排他的経済水域の一部と公海または排他的経済水域の他の部分間において継続的、迅速かつ妨げられない通過のために通常の方法による航行と上空飛行の権利として行使される（同条(3)）。

この航路帯と航空路は、入口と出口から一連の連続する中心線によって定められ、群島航路帯を通航中の船舶と航空機は、通航中は中心線を25カイリ以上逸脱してはならない（同条(5)）。そうした航路帯を指定する群島国は、狭い航路を通る船舶の安全な通航のため分離通航帯を設定できる（同条(6)）。しかし、航路帯と分離通航帯は、必要上公表後に変更できるが、一般に受け入れられている国際規則に適合することが求められる（同条(7)、(8)）。さらに、航路帯と分離通航帯の指定、設定あるいは変更を行うにあたり、群島国は、権限ある国際機関に提案を行う。同機関は、群島国が同意する航路帯と分離通航帯を採択し、群島国は、その後にこれらを指定、設定あるいは変更できる（同条(9)）。

ちなみに、インドネシアの群島水域の場合、かつてはスンダ海峡とマカッサル海峡の間における日本商船の通航は、群島航路帯の指定を受けることなく、比較的自由に航行していたが、現在は、群島航路帯が指定されている。

以上、群島航路帯・航空路通航権を行使する船舶と航空機は、通航の方法などについて国際海峡と同じ扱いを受けることになる。つまり、54条は、「通過通航中の船舶及び航空機の義務」（39条）、「調査活動及び測量活動」（40条）、「通過通航に係る海峡沿岸国の法令」（42条）、「海峡沿岸国の義務」（44条）に定めるすべての事項は、群島航路帯の通航に準用されると定める。

2　無害通航権

群島水域内において、外国船舶は、内水と群島航路帯を除く水域において、無害通航権を有する（52条(1)）。これは、領海と同様の無害通航制度で、安全保護のため不可欠なときには、群島国によって同様に制限され、停止される（同条(2)）。

第５節　国際河川と国際運河

1　国際河川

国際河川制度の始まりは、1815年のウィーン会議最終議定書および附属書に見られるが、具体的には、その後1856年にダニューブ河（パリ条約）、1868年にライン河（マンハイム条約）、1919年にオーデル河・エルベ河（ヴェルサイユ条約）が、航行の自由を規定し、国際化が図られた。さらに、一般条約として1921年に「国際関係を有する可航水路の制度に関する条約」が結ばれたが、締約国は、30か国にすぎない。

第２次世界大戦後、灌漑や発電のための水利用が増えたため、国際法協会は、1966年にヘルシンキ規則を採択し、流域国が水資源の合理的かつ公平な配分を受ける権利を定めたが、1997年に国際水路の非航行的利用に関する条約が国連総会で採択され、河川の航行以外での衡平かつ合理的な利用の原則が規定された。

2　国際運河

公海と公海とを結んで国際航路を形づくる運河が、条約によって国際化が図られる場合、国際運河と呼ばれ、スエズ運河とパナマ運河がこれにあたる。

スエズ運河は、1888年のスエズ運河条約（コンスタンチノープル条約）により国際化が図られ、航行の自由と中立化が認められた。エジプトは、運河国有化後の1957年に上記条約の有効性を確認し、すべての国の商船と軍艦に開放され、その重要性が再認識されたが、同条約の解釈・適用から生ずる一切の紛争を国際司法裁判所で解決することを表明した。

パナマ運河は、大西洋と太平洋を結ぶ運河で、英米間の1901年条約（ヘイ・ポーンスフォート条約）により航行の自由と中立化が認められたが、1903年のアメリカとパナマ間の1903年条約（ヘイ・ビュノー・ヴァリラ条約）によりアメリカが運河地帯の永久支配権を取得、中立化が弱められた。その後、1977年の「パナマ運河条約」と「パナマ運河の永久中立及び運営に関する条約」により過去の条約がすべて廃棄され、改めて運河の国際化が図られ、2000年以降に同運河はパナマへの返還とともに永久中立化が実現した。

第5章　排他的経済水域

第1節　排他的経済水域の成立

沿岸国は、領海の外側に領海基線から200カイリを超えない水域で排他的経済水域を設定することができる。排他的経済水域において、沿岸国は、天然資源に関する主権的権利（とくに優先的な漁業権）および科学調査、海洋環境保護等に関する管轄権を有する。しかし、これらの権利は限定的であって、他の国は航行、上空飛行、海底電線と海底パイプラインの敷設などについて公海と同様の自由を有する。

「日本は資源に乏しい島国である。輸入した資源を加工して輸出する貿易によって食べていくしかない。」と、日本人は子どものころから教えられてきた。実際、日本の領土面積は世界で61位、人口密度は25位である。狭い国土の上に１億２千万人が生活している。ところが、周辺の海に目を転じると、東北地方の東側の海域（北太平洋）は世界３大漁場と呼ばれるくらいに生物資源に恵まれている。海底では、海底熱水鉱床やコバルトリッチクラストなどの鉱物資源、天然ガスやメタンハイドレードなどのエネルギー資源が見つかっており、その埋蔵量は世界でも有数といわれる。海洋法は、そのような海域の資源を優先的に利用できる法的基礎を、日本に与えている。すなわち、排他的経済水域の制度である。

排他的経済水域は1970年代に形成された新しい概念であるが、由来は1945年のトルーマン宣言にさかのぼることができる。トルーマン宣言は２つあって、公海上の保存水域と大陸棚の設定に関するものであった。前者は、沿岸国と漁業国の合意に基づいて公海における漁業資源を保存することを制度化するもので、関係国の合意に基づいて設定・運用されるという点では新規の制度ではなかったが、漁業資源の保存と沿岸国の主体的役割という考え方はのちの経済水域に影響を与えた（保存水域宣言自体は、のちの公海漁業規制制度の出発点ともなった)。

大陸棚に関する宣言は、もっぱらメキシコ湾等の海底油田開発を意図して発せられたのであるが、①大陸棚は米国陸地の延長であるので、米国の管轄権と管理に服する、②大陸棚の地下および海床の天然資源は米国に属する、としていた。関係国の合意を要件とする保存水域の宣言に比べて、一方的な主権の主張に近かった。その後、大陸棚宣言は、他の諸国にも伝播することになり、次第に海底だけでなく上部水域を加えるようになった。それとともに、沿岸国の一方的管轄区域の性格が踏襲された。

大陸棚に関するトルーマン宣言が発せられた1945年、メキシコ大統領は直ちに同様の宣言を行った。このときは、メキシコ湾の海底石油について米国の宣言と対抗する意図があったが、1947年にチリ大統領が大陸棚宣言を行った際に、大陸棚とは別の制度へと変化した（同年ペルー大統領宣言も)。すなわち、チリ政府は、深度にかかわりなく海岸から200カイリにある海域の大陸棚上とその下に対して国家主権を確認し、そこにあるすべての天然資源に対する権利を主張した。南米西海岸は地形上大陸棚がなく、沖合は急激に深くなり鉱物資源による利益は期待できない。しかし、この海域は世界３大漁場の１つといわれる豊かな漁業資源がある。距岸200カイリとしたのは、漁業資源の分布がほぼ200カイリの範囲であったからとする説や、第２次世界大戦における中立水域の幅を採用したとする説、大陸棚の深度200m の基準を距離に読み替えたとする説などがあるが、定説はない。

距岸200カイリの広い大陸棚の主張は、経済的自立をめざす途上国に広がり、韓国の李承晩大統領はチリ大統領宣言と同様に広い大陸棚を設定する宣言を行った。これは大陸棚宣言と称しながら、広いところでは海岸から190カイリに及ぶ水域で、海底鉱物資源よりも、漁業資源を排他的に管理するために国家主権を設定するものであった。韓国政府は、この水域に入った日本漁船を拿捕し、４年間で約4000人の日本漁民が抑留された（約40人が死傷)。

チリ大統領の宣言は一方的宣言にすぎなかったが、1952年に隣接国が呼応して南米３か国（チリ、ペルー、エクアドル）によるサンチャゴ宣言となった。これによって、200カイリの漁業独占水域が国際化することになった。米国はじめ多くの遠洋漁業国はこれを強く非難したが、これら３国は制度を撤回せず、外国漁船の締め出し・拿捕を続け、遠洋漁業国としばしば衝突した（オナシス船団事件など）。

一方的宣言による漁業水域の拡張は、沿岸国と漁業国の対立を生みながら続けられた。そして、深海底問題を契機に開催が決定された第３次国連海洋法会議に向けて、途上国は漁業水域の問題を議題として取り上げることを要求し、各国がさまざまな提案を公表した。中南米諸国は、1970年沿岸国の資源に対する管轄権に関して２つの宣言（モンテビデオ宣言、リマ宣言）を採択、さらに、1972年に開催された「海洋法の諸問題に関するカリブ海諸国の特別会議」は、沿岸国が同海域にある生物資源・非生物資源に対する優先的権利を持つとする「父祖伝来の海」（patrimonial sea）の概念を提唱した（サント・ドミンゴ宣言）。これは、カリブ海域をこの地域の人民が先祖から受け継ぎ子孫へと伝えていくために資源を保存管理する水域と位置づけ、沿岸国の排他的漁業の主張から、資源の再生可能な利用（今日の「持続可能な開発」の概念のさきがけともいえる）と環境保全の制度へ移行するきっかけとなった。

アフリカ諸国においては、1971年のアジア・アフリカ法律諮問委員会において、ケニアがはじめて排他的水域という概念を提唱した。この考えは、1972年に開催された「海洋法に関するアフリカ諸国地域セミナー」において参加者の支持を集め、その決議のなかで排他的経済水域の主張が取り入れられた（ヤウンデ決議）。

ヨーロッパでは、アイスランドが1958年に漁業水域を12カイリに拡大し、イギリス、西ドイツなどとの摩擦を生じていた。関係国の間では12カイリ漁業水域について決着を見たが、アイスランドは海洋法会議に向けた中南米、アフリカ諸国による水域の拡大に触発されて、1972年に50カイリ漁業水域を実施した。イギリスは、これに対して交換公文に基づき国際司法裁判所に提訴した。国際司法裁判所は、アイスランドの漁業管轄権拡大は両国間の協定に違反するとしたが、同時にアイスランドの優先的配分権および同水域における漁業資源の保存と開発について理解を示した。

これらの動きは、第３次海洋法会議のなかで次第に融合し制度の形成に影響を及ぼした。同会議では、200カイリ水域への流れは多くの国が支持するところとなっていたが、日本は遠洋漁業国としてこれに強く反対し、「エクセプトワン」とまで呼ばれる窮地に追い込まれた。しかし、1976年アメリカが200カイリ漁業水域を設定するに及び、日本もソ連漁船に対抗するため1977年に漁業水域に関する暫定措置法を制定した。こうして、200カイリ水域の制度はほぼ海洋法会議全体の支持を得た。以後５年間の会議では、沿岸国と他国の権利義務をどのように調整するのかについて、ケニア案を中心に中南米諸国の案を盛り込み、先進国の危惧を考慮しながら修正し、最終的に海洋法条約第Ｖ部の規定となったのである。

排他的経済水域は、このような過程でさまざまな妥協的規定が盛り込まれたため、いくつかの特徴を持っている。すなわち、上部水域だけでなく海底の資源に対しても権利が設定されること、資源利用について一方的な排他性を認めるのではなく一定の条件で他者の利用を認めていること、資源にかかわりない使用については公海としての性質を残していること、である。また、排他的経済水域は、沿岸国がそれを設定する権利を有するにとどまり、大陸棚のように当然に帰属するものではない。しかし、今日は、ほとんどの沿岸国が同水域を設定して権利を主張しているので、その違いはあまり大きな意味を持たない。

海洋法条約が採択された当時は、排他的経済水域は条約上の制度であるから海洋法条約に加入しなければ同水域を設けることはできないといった議論があったが、非締約国を含めて多くの国が海洋法条約発効前にも排他的経済水域を設定した。1983年には海洋法会議の署名を拒否していた米国も排他的経済水域の設定を宣言した（レーガン宣言）。多くの途上国はこれを非難したが、法的意味での抗議は提起されなかった。多くの学者は、このころすでに排他的経済水域の概念が国際慣習法になっていたと結論づけている。そして、1985年のリビア・マルタ大陸棚事件判決において、国際司法裁判所は、排他的経済水域が国際慣習法となっていることを認めた。

第２節　排他的経済水域の範囲

排他的経済水域は、「領海に接続する水域」（海洋法条約55条）であって、その範囲は「領海の幅を測定するための基線から200カイリを超えて拡張してはならない」(57条) とされている。したがって、この水域は、領海の外側から最大200カイリまでの帯状の海域ということになる。領海外にあって領海内の法令違反を防止または処罰するために設けられる接続水域 (33条) もこの水域の範囲に含まれる。200カイリは最大限の限界を示したもので、沿岸国は必要に応じてそれより狭い幅の水域を設定することもできる。

排他的経済水域の設定は、領海の幅を測定する基線を基準にする (55条)。また、領海は沿岸国の領土、内水、または群島水域に接続する (2条)。したがって、経済水域は、領海を有する領土の存在が前提になっている。原則として、すべての陸地領土は領海を有する。しかし、一部の島については、この原則があてはまらない。

島とは、自然に形成された陸地であって、水に囲まれ、高潮時においても水面上にあるものをいう (121条(1))。このように自然的事実によって定義された島は、領海、接続水域、排他的経済水域、大陸棚を有する (121条(2))。この例外として、海洋法条約121条3項は「人間の居住又は独自の経済的生活を維持することのできない岩は、排他的経済水域又は大陸棚を有しない」と規定する。

しかし、121条3項は、その条件が不明確である。「人間の居住又は独自の経済的生活」とはどのようなものでなければならないのか、基準が明らかでない。外部からの補給によって小集団が居住する場合や一時的な基地として使用する場合などがこれに含まれるのか、あるいは、常時居住する必要があるのか、といった問題が提起される。この点については、2016年の南シナ海仲裁裁判において、詳細な検討が行われており、各要件の解釈に今後大きな影響を与える可能性がある (同判決の詳細は、第3章を参照)。

こうしたことから、諸国の実行はさまざまである。フランス、フィジー、メキシコなど多くの国が、無人の岩と見なすことができる島の周辺に排他的経済水域を設定する国内法を制定している。他方、イギリスは、1976年に無人の小島であるロッコール島 (Island of Rockall) 周辺に200カイリ漁業水域を設定したが、1997年に海洋法条約に加入するにあたり、同島周辺に対する漁業水域の主張を撤回した。

この関連で、わが国の沖ノ鳥島の地位が一部の国から問題視されている。同

第5－1図　わが国の排他的経済水域の概略図

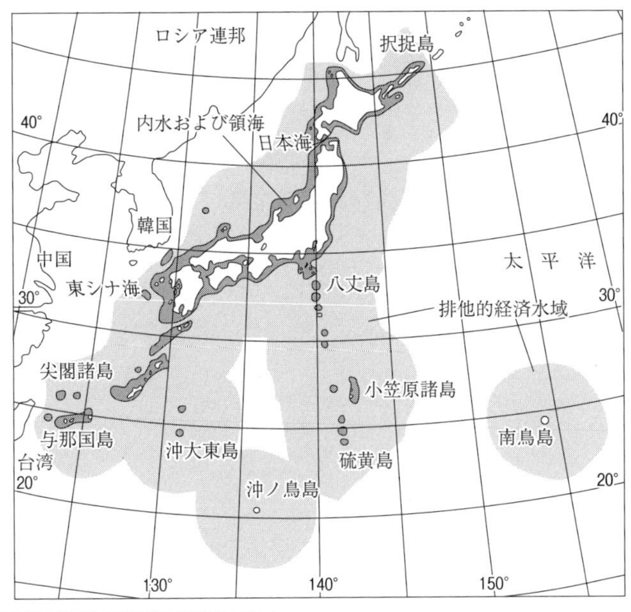

国土面積	約38万 km²
内水＋領海	約43万 km²
排他的経済水域	約405万 km²
内水＋領海＋排他的経済水域	約447万 km²

注：上の地図は、わが国の主張する排他的経済水域の全体を大まかに示すための概略図であって、領海および排他的水域の幅は、正確な縮尺に基づくものではない。
出典：海上保安庁海洋情報部の図（2004年）をもとに作成。

島は、直径数ｍの２つの岩礁からなり、満潮時の水面からの高さは１ｍ足らずである。排他的経済水域及び大陸棚に関する法律２条は、基線をもとに排他的経済水域を設定すると定めるだけで、海洋法条約121条３項のように、基線設定の基点となる島が居住または経済的生活を維持することができるか否かを問題としていない。この結果、沖ノ鳥島は排他的経済水域の南端の基点となり、その周辺の経済水域は約40万 km²（日本の陸地面積は約38万 km²）に達する。これについては最近まで公式に国際的な抗議を受けることもなかったが、2004年４月、中国側から、沖ノ鳥島は岩であるためその周辺に排他的経済水域は存在しないのではないかとの主張が行われた。

互いに向かい合っている国の間で主張する排他的経済水域の範囲が重なる場合には、両者の境界を画定することが必要となる。また、隣接する２つの国の間でも、両国の排他的経済水域の境界線を明らかにすることが不可欠となる。最近の傾向としては、大陸棚と排他的経済水域に共通の境界画定（海洋境界）を行うことが多い。海洋境界画定に適用される法規則については、第6章で論じる。

第3節　排他的経済水域の法的性格

排他的経済水域は、沿岸国の管轄権の拡大という点では領海の延長のようにも見える。また、資源を除く利用の点では公海の性格を残しており、公海上につくられた特別の水域のようにも見える。あるいは、公海とも領海とも異なる中間的性格の、いわば第三の水域のようにも見える。このように、排他的経済水域の性格については3つの見方が可能であり、第3次海洋法会議の初期の段階で盛んに議論された。

通航を重視する海洋国の立場からは、同水域は本質的に公海としての性格を保持し、沿岸国の権利として条約上明確に認められた活動以外は公海の制度に服するべきであると主張した。海洋法条約86条は、公海制度を規定する第Ⅶ部が排他的経済水域に適用されないことを認めているが、同時に58条2項は第Ⅴ部の規定に反しない範囲で公海制度の諸規定を適用するとしている。他方、排他的経済水域が領海としての性格を有し、条約によって非沿岸国に与えられた権利以外は沿岸国の管轄に属するという主張も正しくない。同水域に対する沿岸国の権利は、資源に関する事項に限定されており、それは領域主権から直接導かれる領海とは本質的に異なる。したがって、排他的経済水域は領海と公海の中間に位置し、別個の機能的な海域と考えるのが妥当であろう。

一方、排他的経済水域は、第1節で述べたように大陸棚の歴史のなかから派生し、海底部分をも包摂するが、大陸棚とは基本的に異なる性格を持つ。大陸棚は、陸地領土の自然の延長であり、沿岸国の領土主権に基づいて当然にかつ原始的に（*ipso facto et ab initio*）存在するものであり（北海大陸棚事件における国際司法裁判所判決）、そこでの沿岸国の権利は「実効的な若しくは名目上の先占又は明示の宣言に依存するものではない」（海洋法条約77条3項）。これに対して、排他的経済水域は沿岸国の意思表示に依存し、国際法は、沿岸国に国内法令そ

第5−2図　日韓・日中漁業協定に基づく水域

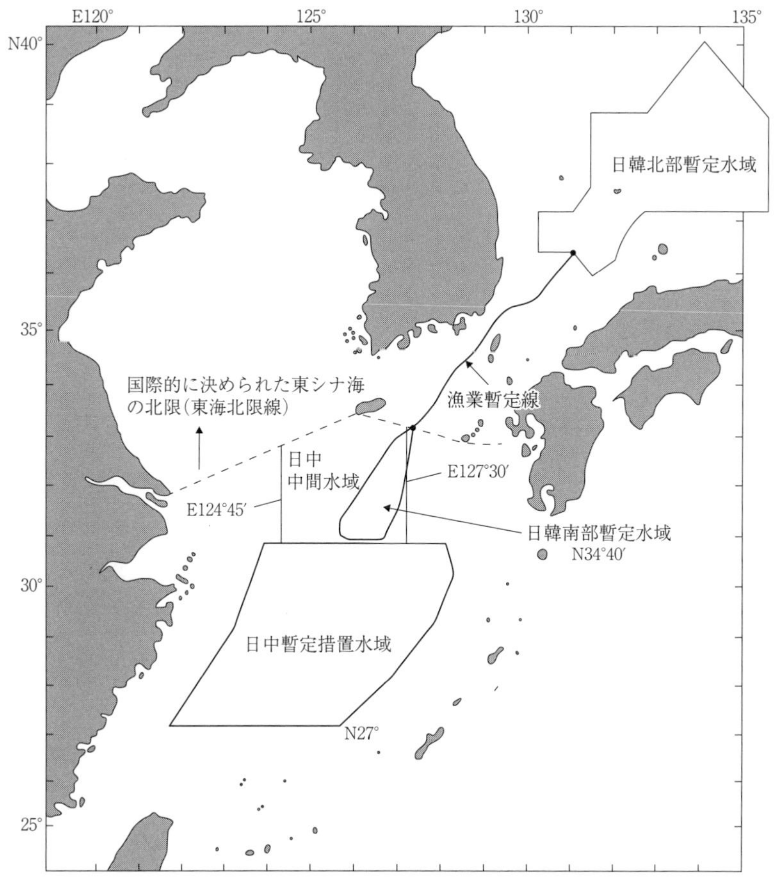

出典：水上千之編『現代の海洋法』（有信堂、2003年）252頁。

の他によって同水域を設定することを許しているにすぎない。また、権利の内容と行使の条件も、海洋法条約において詳細に規定されている。したがって、排他的経済水域の「排他性」は絶対的なものではなく、沿岸国であっても条約上の制約に従わなければならない。後述のように、排他的経済水域は、生物資源の利用と保存について特別の制約を設けている。排他的経済水域が慣習法となっているという理由で、非締約国も排他的経済水域を設定することは可能であるが、排他的経済水域制度に内在する条件として条約上の制約にも従わなければならない。

第4節　沿岸国の権利義務

沿岸国が排他的経済水域においてどのような権利と義務を有するかについては、海洋法条約56条以下の諸条項に規定されており、国内法で排他的経済水域を設定する場合も、これらの規定を実施するものでなければならない。

1　非生物資源

56条1項(a)は、沿岸国が「海底の上部水域並びに海底及びその下の天然資源（生物資源であるか非生物資源であるかを問わない。）の探査、開発、保存及び管理のための主権的権利」を有すると規定する。「主権的権利」は、1958年の大陸棚条約2条1項でも使用されている。主権ではないが主権に近い権利を有するという意味である。「主権ではない」というのは、沿岸国が領海において有する航行、汚染防止、犯罪防止などに関する権限を含まないという意味であり、「主権に近い」というのは、資源の開発利用について排他的な権利を有するということである。ただし、漁業については後述のように他国による利用を認めなければならない義務があり（62条(2)）、完全に排他的ではない。保存と管理についても多くの義務を負う。この点において、大陸棚に対する主権的権利とは異なる。また、沿岸国は、条約により自国の権利義務を行使するにあたり、他国の権利義務に妥当な考慮を払わなければならない（56条(2)）。

排他的経済水域の海底およびその下に対する沿岸国の権利は、大陸棚に関する第Ⅵ部の規定が適用される（56条(3)）ので、非生物資源については大陸棚制度が準用されると考えられる。ただし、第Ⅵ部の諸規定は56条3項に基づいて排他的経済水域の海底およびその下の資源に適用されるのであるから、定着性種族を除き、この水域における非生物資源が大陸棚の資源となるわけではない。

2　生物資源

沿岸国は、排他的経済水域において生物資源の探査・開発・保存・管理のための主権的権利を有する（56条(1)(a)）。その内容と行使の条件は、61条から73条までに規定される。

ここに規定される沿岸国の優先的漁業権と魚種別規制の制度は、排他的経済水域制度の核心をなすもので、この制度が単に沿岸国に排他的漁業権を与えるものではなく、国際社会の協力によって生物資源を保存するために設けられたことを示している。

沿岸国は、自国に隣接する水域について生物資源の枯渇を防ぎ、環境を保全する責任を負っている。そのために、漁業資源の管理について大きく２つの制度を設けている。

① 最適利用と余剰分の制度　沿岸国は、科学的調査に基づき自国の水域における魚種の再生可能性を考慮に入れて、漁獲しても現在の漁業資源の質量を維持できる漁獲量の上限（＝最大許容漁獲量）を決定する。沿岸国は、その最適な利用を促進する義務（最適利用）を負い、自国が利用しない分（余剰分）については、内陸国・地理的不利国および途上国の必要に考慮を払いながら、その水域で伝統的に漁業を行ってきた外国漁民などに利用させなければならない。これをTAC制度という。保存措置、利用方法（漁法など）は条約の規定に従わなければならない（62条）。

② 魚種別規制　魚は200カイリの範囲を超えて大きい距離を移動するものがあるので、そのような魚種については種に応じた規制を設けている。２以上の国の排他的経済水域にまたがって存在する魚種、非常に長い距離を移動する魚（高度回遊性魚種。マグロ、カツオ等）については、沿岸国間の協力を規定する。鯨などの海産哺乳動物については、とくに厳しい規制を設けることができる。川で生まれて公海まで移動し成長して川に戻ってくる魚（溯河性魚種。サケ、マス等）については、排他的経済水域内でのみ漁獲され、溯河する川が所属する国（母川国）が許容漁獲量を決めるなどの優先的管理権を有する。公海や他国水域においても母川国の影響が及ぶことから、魚が国籍を持つような効果があり、魚の国籍論と呼ばれたこともある。また、逆に海のどこかで生まれ稚魚の時に川に上り成長して海に戻る魚（降河性魚種。ウナギなど）は、その生活史の大部分を過ごす水域が所在する沿岸国が主たる責任を有し、漁獲を管理する。この魚種がいくつかの国の排他的経済水域を通過して回遊する場合、降河する河川の所在する

沿岸国の管理責任を考慮して関係国間の合意によって管理される。海底の定着性種族は、大陸棚制度に基づいて管理される（63～68条）。

これらの権限については、公海における生物資源の保存・管理などとあわせて、第９章で述べる。

3　経済的目的で行われるその他の活動

56条１項(a)は、天然資源に対する主権的権利と並べて、「排他的経済水域における経済的な目的で行われる探査及び開発のためのその他の活動（海水、海流及び風からのエネルギーの生産等）に関する主権的権利」を、沿岸国に認めている。海底およびその下の利用については大陸棚の規定が準用されるので、この規定は上部水域の利用について認められた権利ということができる。科学技術の発展によって海水や潮力の利用など新たな利用方法について沿岸国に管轄権を認めるものであるが、どのような利用を対象とするかはわかっていない。その行使について国際的調整が必要になるまで、具体的な規制は沿岸国に任されているということである。

4　人工島・施設および構築物の設置と利用

56条１項(b)は、「人工島、施設及び構築物の設置及び利用」に関して、沿岸国がこの条約の関連する規定に基づいて管轄権を有すると規定する。ここでいう管轄権とは、沿岸国が法令を制定し適用する権利を意味する。

60条１項によれば、沿岸国は、つぎのものを建設しならびにそれらの建設、運用および利用を許可し規制する排他的権利を有する。①人工島、②56条に規定する目的その他の経済的目的のための施設と構築物、③排他的経済水域における沿岸国の権利の行使を妨げる可能性のある施設と構築物。この規定上、人工島はすべての目的の建設・利用に関して管轄権が認められるのに対して、施設と構築物については排他的経済水域の資源の探査・開発・保存・管理その他の経済的目的に限定されている。したがって、沿岸国の同意なく排他的経済水域内で、上記の人工島、施設および構築物を建設等すれば、60条の重大な違反を構成することになり、この点は南シナ海仲裁裁判でも確認されている。

沿岸国は、こうした目的を持たない施設・構築物に対しては、それが自国の権利行使の妨げとならない限り、排他的権利を行使することができない。これは、人工島が永続的施設であり、他の一時的施設に比べて規制の必要性が大きいためであろう。軍事目的で使用される施設および構築物は、②の文言から類推して沿岸国の排他的権利に服さないように思われるが、他の国が沿岸国の同意を得ずに軍事目的の施設および構築物を設けることができるというのは非現実的であろう。

沿岸国は、人工島、施設および構築物に対して、通関上、財政上、保健上、安全上および出入国管理上の法令に関する管轄権を含む排他的管轄権を有する（60条(2)）。また、沿岸国は、必要な場合には、人工島、施設、構築物の周囲に、その外縁から通常500mを超えない範囲で安全水域を設定することができ、そこにおいて航行の安全と人工島、施設および構築物の安全を確保するために、適当な措置をとることができる（同条(4)、(5)）。ちなみに、1989年の国際海事機関（IMO）決議A671は、船舶が当該安全水域内に進入し、沿岸国の規則に違反すると判断される場合、沿岸国は国際法に従った措置を講じることができるとともに、船舶の旗国は自国船舶が安全水域内を通過しないよう必要な措置をとるよう勧告している。

一方、人工島、施設または構築物の建設について、沿岸国は、適当な通報を行わなければならず、またその存在について注意を喚起するために恒常的な措置を維持しなければならない。さらに、これらの施設が放棄され、または利用されなくなった場合には、航行の安全を確保するために除去する義務を負う（同条(3)）。人工島、施設および構築物とその周辺には500m以内の範囲で安全水域を設けることができるが、国際航行に不可欠な航路帯の使用を妨げるような場所に設けてはならない（同条(5)、(7)）。

【アークティック・サンライズ号事件】　2012年、北極海のロシア排他的経済水域内の石油プラットフォームに対して、オランダ船籍のアークティック・サンライズ号に乗船したグリーンピースの活動家が抗議活動を行ったため、ロシア当局は、彼らを逮捕するとともに、同号の拿捕および他の乗組員の逮捕を行った。仲裁裁判では、ロシアによる活動家の逮捕や同号の拿捕等の合法性が争われたが、それに加え、石油プラットフォーム周囲の500m安全水域とは別に、ロシアが設定したとされた半径3カイリの安全水域が国連海洋法条約60条5項に違反するか否かも論点となった。仲裁裁判所は、同水域の設定根拠とされる「航海者への通告（Notices to mariners）」は、航行の危険があるため、船舶が入域しないよう勧告する性質のものにすぎず、ロシアのいかなる法令も500mを超えた安全水域を設定していないと判断した。

5　海洋の科学的調査

56条1項(b)は、沿岸国が、「海洋の科学的調査」に関してこの条約の関連する規定に基づいて管轄権を有すると定める。海洋の科学調査については、第XIII部が規定する。その246条1項によれば、沿岸国は排他的経済水域における「海洋の科学的調査を規制し、許可し及び実施する権利」を有する。他の国は、沿岸国の同意を得た上で、その排他的経済水域内における科学的調査を実施することができる（246条(2)）。沿岸国は、純粋に科学的目的で行われる調査については、通常同意を与えなければならないが（同条(3)）、それが天然資源の探査・開発に直接影響を及ぼすような場合には、これを与えないことができる（同条(5)）。

近年、日本周辺の海域でも中国、韓国が科学調査を実施し、その目的についてさまざまな憶測がなされている。ある国が他国の排他的経済水域で調査を実施する場合の手続については一応第XIII部に規定が設けられているが、具体的な実施までにはまだ制度化が十分でない。この点について、わが国は、1996年に法的拘束力を有しないガイドラインとして「我が国の領海、EEZ又は大陸棚における外国による科学的調査の取扱いについて」を定め、具体的な申請手続（調査開始の6か月前）や内部手続を規定した。さらに、2国間関係においては、2001年に中国との間で「海洋調査活動の相互事前通報の枠組みの実施のための口上書」を締結しており、申請手続を調査開始の2か月前までと大幅に緩和している。軍事的測量と科学的調査の関係については、他の水域における調査活動とともに、第10章で論じる。

6　海洋環境の保護と保全

56条1項(b)は、沿岸国に対して、「海洋環境の保護及び保全」に関する管轄権を認める。海洋環境の保護および保全については、第XII部が詳細な規定を置いている。同部では、排他的経済水域における投棄による汚染（210条⑸、216条）、船舶からの汚染（211条⑸、⑹、220条）、海底における活動からの汚染（208条、214条）に対処するため、沿岸国に対して、法令を制定し、これを執行する権限が与えられている。海洋環境保護については、海洋法条約だけでなく多くの条約が結ばれており、それらを含めて総合的に論じる必要がある。これについては、第11章で論じる。

7　その他の権利義務

56条１項(c)は、沿岸国が「この条約に定めるその他の権利及び義務」を有すると規定する。この水域に関して海洋法条約に規定があるその他の権利としては、沿岸国が接続水域に関して有する権利があげられる。領海に接続し24カイリを超えない水域である接続水域（33条）は、空間的には排他的経済水域の範囲に含まれるからである。接続水域における沿岸国の権利については、第２章第３節で述べた通りである。

さらに、追跡権があげられる。沿岸国の権限ある当局は、外国船舶が排他的経済水域に適用される自国の法令に違反した場合には、当該外国船舶の追跡を自国の排他的経済水域から開始することができる（111条⑵。詳しくは第７章第５節参照）。

サイガ号事件（No.２）では、ギニアが同国の許可を得てその排他的経済水域内で操業する外国漁船に対して同水域内で給油する場合には、輸入手続を経た燃料油を給油することを義務づけていたところ、サイガ号はセネガルから搭載した燃料油をギニアの経済水域洋上で３隻の漁船に給油したことにより、関税法違反容疑でギニアの監視船に拿捕された。この事件が発生した背景には、ギニアが自国の排他的経済水域で操業する外国漁船に国内で販売している燃料油を使用させることにより、関税収入を得ようとしたことがある。すなわち、沿岸国は、排他的経済水域の設定によって、漁業許可の対価としての入漁料とともに燃料油の関税によって収入を得ることができる。排他的経済水域内で操業する外国漁船は、母船方式だと長期間沖合に留まって漁を続けるため、その間に給油する燃料の税収は非常に大きなものとなる。ギニアにとって、他国から燃料油を運んでギニアの輸入手続を経ないで自国の排他的経済水域で洋上給油をすることは、この税収を妨害する脱税行為と考えたのである。サイガ号は、税金の安い国で燃料油を購入し、他国の排他的経済水域で操業している外国漁船に燃料油を売り歩くタンカーであった。海上給油はバンカァリングと呼ばれるが、排他的経済水域制度は、外国漁船の入漁を増加させ、同時にこのようなバンカァリングの争いを生じた（この事件の手続面については、第12章第３節**4**(2)を参照）。

ここで問題となるのは、沿岸国は、排他的経済水域に対する主権的権利の効果として外国漁船に対する洋上給油を規制する権利（見方を変えれば、排他的経済水域内で自国の許可を得ていない商業的行為を禁止する権利）を有するかということである。国際海洋法裁判所の判決は、拿捕の方法や状況を理由にサイガ号の拿捕を合法と認めなかった。判決理由から、裁判所はギニアが排他的経済水域においてバンカァリングを禁止する権利を認めなかったように思われるが、直接的には答えておらず、議論の余地を残している。漁船の活動は排他的経済水域の制度に基づいて沿岸国の規制下にあるので、ギニアの法律は全く違法な管轄権の拡大ということもできない。サイガ号事件は、排他的経済水域制度に含まれる沿岸国管轄権の拡大可能性について問題を提起したものといえる。この問題は2014年のヴァージニアＧ号事件でも取り扱われ、興味深いことに、サイガ号事件とは全く異なり、排他的経済水域内で漁獲活動に従事している漁船へのバンカァリングを漁業関連行為と見なし、沿岸国による規制を認める内容となっている。ただし、同判決では、上記の活動に従事する漁船以外の船舶（貨物船やレジャーボート等）に対するバンカァリングに対して、沿岸国は規制権限を有していないとも言及していることからも、バンカァリングへの規制は限定された状況においてのみ許容されることを示したとも考えられる。

ちなみに、わが国は、1996年の排他的経済水域主権的権利行使法において、漁船への補給を「漁業等付随行為」に含め、農林水産大臣の承認が必要であると規定している（２条(1)、９条）。

【ヴァージニアＧ号事件】 本件は、パナマ船籍のヴァージニアＧ号（タンカー）が、ギニアビサウの排他的経済水域内で漁獲活動に従事する漁船に対してバンカァリングを実施したことを理由に拿捕された事件である。本件の争点の１つは、ギニアビサウが法令において、漁船に対する給油を漁業関連活動と位置づけており、同国の許可が必要であると規定した点であった。国際海洋法裁判所は、国連海洋法条約56条１項の主権的権利が、必要な執行措置を含む天然資源の探査、開発、保存および管理に関係するすべての権利を包含していることを確認している。その上で、生物資源の保存措置を定めた62条４項が例示規定であることから、外国漁船への給油も同規定に含まれ得ると判断し、ギニアビサウによる同号の拿捕が国連海洋法条約に違反しないとしている。本件は、漁船へのバンカァリングといった活動をどう法的に性格づけるかによって、関連規定の解釈や適用が影響を受ける可能性があることを示した点で非常に注目される。

第５節　他国の権利義務

1　航行の自由との関連

排他的経済水域は、沿岸国が天然資源に対する優先的管轄権を有するだけで、それ以外の利用に関しては公海としての性格を有する。公海に関する87条（航行および上空飛行の自由など）と88条から115条までの規定は、第Ｖ部の規定に反しない限り、この水域について適用される（58条⑴、⑵）。したがって、他国は排他的経済水域においても公海の自由を享受することができるが、実際は、沿岸国の資源管轄権確保のために公海自由の行使を制限されることがある。

他国は、この水域における権利の行使にあたっては、沿岸国の権利義務に妥当な考慮を払い、また海洋法条約と国際法のほかの規則に従って沿岸国が制定する法令を遵守しなければならない（58条⑶）。したがって、外国船舶は沿岸国が建設した人工島、施設、構築物の存在に配慮しなければならず、かつそれらの周辺に設定された安全水域の航行制限その他の措置に服する（60条⑷、⑹）。

また、外国の漁船は、他の船舶と同様に航行の自由与えられるが、同時に沿岸国は生物資源に関する主権的権利を行使するにあたり、法令の遵守を確保するために必要な措置（乗船、検査、拿捕など）をとることができる（73条）。したがって、たとえば外国漁船が自国の漁場で停泊しているような場合には、沿岸国はこれに乗船して検査することが許される。さらに、排他的経済水域において他の国の船舶から汚染物質が排出されている場合には、沿岸国が当該船舶に対して検査等の措置をとることができる（220条(3)〜(6)）。

公海においては軍艦にも航行の自由が与えられるが、他国の排他的経済水域内において、軍事訓練や演習を行うことが許されるかについては議論がある。これに関連して、いくつかの国は、海洋法条約の署名または批准に際して、条約は、沿岸国の許可なく排他的経済水域内において軍事訓練・演習を行い、軍事目的の施設を設置する権限を与えるものではないとする宣言を行っている（ブラジル、インド、マレーシア、パキスタン、ウルグアイなど）。他方、いくつかの先進国は、こうした解釈を否定する宣言を出した（イタリア、ドイツ、オランダ、イギリスなど）。このように、排他的経済水域における軍事訓練・演習の自由については、公海に比べて制限的であると思われる（軍事的利用問題も含む海洋の平和的利用については、第10章を参照）。

2　上空飛行の自由

58条1項は、排他的経済水域の上空を飛行する自由を規定する。この自由は、航行の自由と同様に、公海の自由に課される一般的な制約と同様の制約に服する。

これら以外にも、排他的経済水域における沿岸国の権利が、上空飛行の自由にも影響を与える。他国は、沿岸国による人工島や施設の建設等で設けられた安全水域を尊重しなければならない。また、排他的経済水域における航空機からの汚染物質の投棄は、船舶からの場合と同じく、沿岸国の執行措置の対象となる。

排他的経済水域は主権が及ぶ水域とは考えられておらず、また88条から115条までの公海に関する規則が適用される（58条(2)）ことを考え合わせると、排他的経済水域の上空は公空と同様の性格を持つと考えることができる。さらに、39条3項と54条は、国際海峡と群島水域において通過通航権と群島航路通航権を行使する航空機が、ICAO の定める航空規則を遵守することを求めている。このように、排他的経済水域の陸地側を飛行する航空機にICAO の規則が適用される以上、同水域の上空を飛行する航空機には当然にICAO の規則が適用される。

3　海底電線とパイプライン敷設の自由

すべての国は、排他的経済水域において、海底電線とパイプラインを敷設する自由を有する。しかし、79条3項は、海底パイプライン（海底電線は含まない）を敷設するための経路の設定について、沿岸国の同意を得ることを規定する。また、同条4項は、沿岸国に対して、自国の領土と領海に入る海底電線とパイプラインに関する条件を定める権利を与え、さらに大陸棚の探査、その資源の開発、沿岸国が管轄権を持つ人工島、施設、構築物の運用に関連して建設・利用される海底電線とパイプラインを敷設する国は、既存の電線とパイプラインに妥当な考慮を払うことを求めている。これらは、大陸棚に関する規定であるが、56条3項に基づいて排他的経済水域でも適用される。

第6節　沿岸国の法令の執行

排他的経済水域での違法操業の容疑で行われる外国漁船の拿捕は、深刻な国際問題を生じる。日本も、韓国の李承晩ライン設定によって多数の漁民が拿捕され、死傷した者もいた（第1節参照）。そのため、海洋法条約は漁船の拿捕等について新たな制度を設けた。

まず、基本的規則として、沿岸国は、生物資源を探査し、開発し、保存しおよび管理するための主権的権利を行使するにあたり、法令の遵守を確保するために必要な措置をとることができる。これには、乗船、検査、拿捕および司法上の手続が含まれる（73条(1)）。ただし、沿岸国は、合理的な保証金の支払または合理的な他の保証の提供があれば、拿捕した船舶およびその乗組員を速やかに釈放しなければならない。沿岸国は、漁業に関する法令の違反について処罰することができるが、関係国間の別段の合意がない限り、その処罰には乗組員の拘禁またはいかなる形態の身体刑も含めてはならない。沿岸国は、外国船舶を拿捕しまたは抑留した場合は、とられた措置およびその後科した罰について旗国に通報しなければならない（73条(2)〜(4)）。

これに対応する紛争解決のために、船舶および乗組員の速やかな釈放に関する292条が設けられた。同条1項は、合理的な保証金の支払または他の保証の提供の後に船舶およびその乗組員を釈放するという規定を抑留した国が遵守しなかったと主張されるときは、紛争当事者が合意する裁判所に付託することができる旨定める。抑留の時から10日以内に合意がない場合、釈放の問題は、287条に基づいて抑留国が受け入れている裁判所または国際海洋法裁判所に付託することができる。裁判所は、遅滞なく釈放にかかわる申立てのみを取り扱う。これは、国内裁判所に係属する事件の本案には影響を及ぼさない（同条(3)）。これらの規定は、外国船舶の抑留・拿捕がしばしば乗組員に対する非人道的取り扱いを生じがちであることから設けられた海洋法条約の新しい制度であり、とくに排他的経済水域における漁船の拿捕の場合に多く適用され、「速やかな釈放」制度と呼ばれる。

国際海洋法裁判所の最初の事件であるサイガ号事件（事件１）では、この制度の適用が争われた。この事件が提起された当初は、本案に入る前に船舶と乗組員の安全を確保する暫定措置の一種であると思われたが、今日では、本案に先行または付随する制度ではなく、海洋法条約によって創設された別個の制度として理解されている。「速やかな釈放」に関する事件は、他に８件が海洋法裁判所に付託され、そのうち２件は日本が提訴したものである（豊進丸事件、富丸事件）。

第6章　大陸棚

昔、学校で、石油は植物や動物の死骸が原料だと聞かされていた。今から百万年以上前に多くの植物や動物が死んで、その後長い年月の間厚い土砂の下に埋まって高温と高圧とによって石油になったと聞いていた。現在の大陸棚に埋蔵されている石油も同様で、氷河時代に陸であったところが大陸棚になって、諸国の資源争奪の的になっている。そうであれば、将来石油枯渇の危機が到来するという話も頷けるわけである。

第1節　大陸棚制度の成立

1942年2月にベネズエラのパリア湾の領海外の海底区域の鉱物資源開発について、イギリスがベネズエラと条約を結んだことが知られているが、国際法上大陸棚の語が世界に知られるきっかけとなったのは、1945年9月のいわゆるトルーマン宣言（「大陸棚の地下および海底の天然資源に関するアメリカ合衆国の政策の宣言」）である。同宣言では、大陸棚の資源はアメリカに帰属し、その管轄権に服し、他国の大陸棚と重なる場合衡平の原則により合意で境界を定める。ただし、上部水域は公海の性格を有し、自由航行は害されないとした。

アメリカがこのような宣言を行った理由は、当時すでに同国周辺の公海海底において豊富な石油資源の存在が知られており、戦後ソ連との対抗上こうした資源の軍事利用の必要性が唱えられ、かつ当時は海底に適用できる法規則がなかったこともあって、アメリカとして同海域に管轄権を行使できることを国際的に明らかにしておく必要があったためとされる。

諸国は、この宣言に抗議することなく、かえって追随する国が多く、同宣言を契機に、各国はつぎつぎに沿岸沖の公海海底資源を自国に留保する宣言や国内法をつくった。わが国との関係では、1952年の李承晩ラインの設定とオーストラリアの大陸棚宣言に伴うアラフラ海の真珠貝紛争事件が特に注目される。

【李承晩ライン】 1952年1月18日に、韓国大統領李承晩は、韓国領土周辺の海底だけでなく上部水域に対しても主権を持つと宣言し、一方的に広大な海域に対して外国漁船の操業を禁止した。上記宣言により、李ライン内に入ったわが国漁船が何千隻と拿捕され、日本漁船は韓国近海より完全に締め出された。李ラインをめぐる日韓交渉は難航したが、最終的に1965年6月22日に日韓漁業協定が締結され、双方が12カイリの漁業専管水域を設ける権利が認められた。

国連総会は、国際法委員会に本問題を含む海洋法の研究を命じ、同委員会は、大陸棚に関する草案を作成した。1958年の第1次海洋法会議はこの草案をもとに、全文15か条からなる大陸棚条約（「大陸棚に関する条約」）を採択した。これは、戦後に生じた海底資源開発をめぐる新しい問題を、沿岸国には大陸棚資源に対する排他的権利は認めるが、その上部水域は公海の地位を残すというかたちで国際法上解決したものである。

第2節　大陸棚条約

1　大陸棚の定義および範囲

1951年の国際法委員会の草案では、大陸棚は「天然資源の開発を可能としているところ」と規定され、当時大陸棚に関心を持っている国の意向が反映されていた。大陸棚の範囲が不明確であるとの欠陥の指摘があって、翌年の報告書で「200m の深度」に修正された。ところが、開発可能性を主張する国の意向も無視できず、結局、1956年の草案では、両者を取り入れた規定が置かれた。1958年の第1次国連海洋法会議で採択された大陸棚条約には、草案がそのまま採択された。

大陸棚条約では、大陸棚は、海岸に隣接する領海の外にある水深200m までの海底区域、および水深が200m を越える場合には、天然資源の開発が可能なところまでの海底区域であり（1条）、沿岸国は、大陸棚を探査し、その天然資源を開発するための主権的権利を行使する（2条(1)）と規定された。大陸棚は、本来は公海の海底であるが、石炭、石油、天然ガスなどの開発のため、沿岸国が排他的に利用できるものとしている。したがって、外国人の資源開発へ、とくに開発活動への参入には沿岸国の許可が必要であり、国内法遵守も求められる。

草案を作成した国際法委員会のコメンタリーでは、「水深200m まで」は、当分の間の実際的な目的のために十分であろうと考えられる水深として選ばれたもので、その水深がちょうど地質学上の大陸棚の海底が終わり大陸斜面の始まるところと一致していること、また「天然資源の開発可能なところまで」は、水深200m を越える海底での開発が将来技術的に可能となった場合に必要であるとして入れられたものである。しかし、この規準は、第3次海洋法会議における大陸棚延長派の主張をさらに勢いづかせることになった。

2　主権的権利

大陸棚条約は、「沿岸国は、大陸棚に対して大陸棚を探索し、及びその天然資源を開発するための主権的権利を行使する。」と定める（2条(1)）。沿岸国が自国の大陸棚に対して有する権能たる主権的権利は、国際法委員会の草案では、当初「管理と管轄権」とされていたが、これは、主権を含意する危険性があるとして避けられ、妥協として採択されたものである。したがって、主権的権利は、主権と異なり、大陸棚の上部水域および上空における航行の自由を妨げない意図を明確に示すもので、主権とは区別されるべきである。この権能は、大陸棚の天然資源の探索・開発に必要で関連するすべての権利を含み、また法の違反の防止や処罰に関する管轄権を含む包括的なものと解される。また、沿岸国が自ら自国の大陸棚を探査・開発しないからといって、他国は沿岸国の明示の同意なしにはその大陸棚を探査・開発できないという意味で排他的である（同条(2)）。

なお、この大陸棚に対する主権的権利は、沿岸国であれば当然に有する固有の権利であり、先占や明示的の宣言も必要としない（同条(3)）。

【オデコ・ニホン・S・A事件】　法人税等課税処分取消請求事件ともいう。わが国の大陸棚上で実施された試掘作業から得られた対価に対して法人税法の適用があるかが問題となった事件で、1審、控訴審ともに、当該活動から生ずる所得に法人税法の適用があると判示した。大陸棚条約1～3条は、北海大陸棚事件で国際慣習法と認められたので、大陸棚条約に未加盟の日本も国際慣習法上大陸棚に対する主権的権利を行使し得る。その上で、判決は、大陸棚に対する沿岸国の主権的権利は、鉱物資源の探索・開発に必要な、またはそれに関連するすべての権能、すなわち立法、行政および司法権を含み、目的は制限されるが、目的の範囲内では完全に包括的かつ排他的であって、領域主権と異ならないと述べた。また、日本政府は大陸棚の権利が大陸棚上の漁業に及ぶことを否定して大陸棚条約を批准していないが、沿岸国の大陸棚に対する権利そのものは否定していない、と述べた。

3　大陸棚の資源

大陸棚条約は、大陸棚の天然資源について定義している（2条(4)）。つまり、海床および地下の「鉱物資源その他の非生物資源」と「定着種族に属する生物」と定めている。前者は、石油、天然ガス等が含まれるが、後者は、当時、珊瑚・海綿・真珠貝等の定着性生物のみを指すのか、底魚やカニ等の甲殻類まで含むのか、の解釈上の争いがあった。定着漁業とは、一般に海底に付着しているか、または静止している貝類などを採取する漁業をいう。

条約では、「定着種族に属する生物」とは、収穫期において海床の表面もしくは下部で静止しているかまたは海床もしくは地下に絶えず接触していなければ動くことができない生物をいうと定める（2条(4)）。定着種族に属する生物が、具体的に何かについては各国で一致した意見はない。とくにわが国について、甲殻類のなか、タラバガニが問題であった。わが国は、公海の漁業資源と解していたが、アメリカやソ連は、大陸棚の漁業資源と理解した。このように、ある種のエビやカニが定着種族か否かは明らかでなく、この問題は大陸棚条約によっても解決されなかった。わが国は、個々の生物がこれにあたるか否かについては、個別具体的に、各国の実行等も踏まえ慎重な検討を行う必要があるとの立場をとっていたため、大陸棚条約に加入しなかった。

【アラフラ海真珠貝漁業事件】 1870年代に始まるオーストラリア近海アラフラ海における真珠貝漁業は、第2次大戦前にわが国の漁船もかなりの漁獲をしていた。戦後平和条約締結後にわが国漁船が出かけようとした直前の1952年9月にオーストラリアは、大陸棚宣言を行い、同水域の海底に主権を持つことを謳い、日本漁船の締出しを図った。わが国は、公海の漁業資源は万民の共有財産であり、オーストラリアの措置は国際法に違反すると抗議した。両国は国際司法裁判所への付託を準備する一方、日本漁船の操業も認められたが、大陸棚条約の定着漁業に関する規定の定着とともに事件は落着した。

4　相対国間の境界画定

大陸棚の境界画定には、２種類ある。隣接国との間の境界画定と、相対国との間の境界画定である。

大陸棚制度の出発点となった1945年のトルーマン宣言は、大陸棚の境界画定については、衡平原則を適用して合意によるべきことを述べ、大陸棚条約は、合意による決定を基本原則としつつ、合意がないときは、特別事情がない限り、向かい合う海岸の場合は中間線をとり、横に隣り合う海岸の場合は等距離原則を適用すべきこととした（６条)。一言でいえば、等距離・中間線原則の適用である。実際に境界画定が争われたケースとして、北海大陸棚事件（1969年）と英仏大陸棚事件（1977年）がある。

【北海大陸棚事件（1969年)】　本件は、旧西独、デンマーク、オランダが北海の大陸棚の境界をめぐって争った事件である。西独は、1964年にオランダと、1965年にデンマークと、領海から沖への大陸棚の一部の境界画定の条約を結んでいた。ただ、その沖合については、３国で意見が対立していた。他方、オランダとデンマークは1966年に同海域について等距離方式で境界線を引き、これが西独に対しても有効であると主張した。そこで、大陸棚条約６条が同条約未批准の西独をも拘束する慣習国際法の規則であるか否かの問題が、国際司法裁判所に付託された。裁判所に求められたのは、大陸棚の境界画定ではなく、境界画定を行う際の原則を示すことである。「合意が存在しない場合、特別の事情が存在しない限り等距離基準による」と定める大陸棚条約６条は、合意を目標としているが、合意は衡平の原則によって達成されなければならない。判決は、紛争当事国に対して、衡平原則と関連事情という基準の範囲内で合意に達するよう交渉するに求めたのである。本件では西独が勝訴したが、大陸棚条約の１～３条の規定が慣習国際法の規則であるとした点、ならびに大陸棚が沿岸国領域の海中への自然の延長であるとした点は、大陸棚の定義に対してきわめて重要な意味を持つことになった。

⑴　自然延長論

上記判決では、大陸棚境界は、衡平原則に従い、すべての関連状況を考慮し、領土の海中へ向かっての自然の延長を構成する大陸棚のすべてを、他国の領土の自然延長に侵入せずできるだけ多く残すように合意で決定すると判示した。これが自然延長論である。これにより、大陸棚理論で援用されていた隣接性や近接性以外の要素が、用いられるようになった。ただ、凹状に並ぶ隣接国間の大陸棚の境界画定には有効な自然延長論が、その後、大陸棚の沖合の外縁画定に用いられたため、混乱が生じた。

自然延長論の延長線上にある考え方が、1974年の日韓大陸棚南部協定に表れている。交渉では、日本の中間線の主張と韓国の自然延長論の主張が対立し、結局、中間線より日本寄りの重複する部分は共同開発と決定された。

⑵　国際慣習法性

上記事件では、デンマーク、オランダは、大陸棚条約批准国、西独は未批准国なので、等距離方式を規定した同条約６条が、慣習法として西独に適用可能か、つまり６条の国際慣習法性が問われたのである。判決は、同条の国際慣習法性を否定した。その根拠として、大陸棚条約の１～３条は留保が禁止されているのに対し、６条には留保が禁止されていない点をあげた。前者は慣習法の法典化と見なすことができるのに対し、後者は、純粋に条約上の規則として制定されたものと解することができるというのである。かくして、大陸棚条約１～３条が慣習国際法の規則と判示されたことにより、わが国は、定着漁業からの撤退をよぎなくされたのである。

【英仏大陸棚事件（1977年）】　本件では、イギリス海峡の部分が、相対する国どうし、また大西洋方面は、あたかも隣接国間の大陸棚の境界画定のような状況を呈した。他方、大西洋区域における適用方式について、フランスは、この区域で両国は相対しないと主張し、イギリスは、両国は相対していると主張する。この地域の特徴は、大陸棚が両国の海岸の間にあるのではなく、両国の海岸から西方向の海に向けて長く延びていることである。仲裁裁判所は、海峡部分については中間線を妥当として、チャネル諸島には領海を設定する。大陸棚が両国の沿岸の西方沖合に長く伸びている大西洋方面の大陸棚については、大

第6−1図　北海大陸棚事件の対象海域

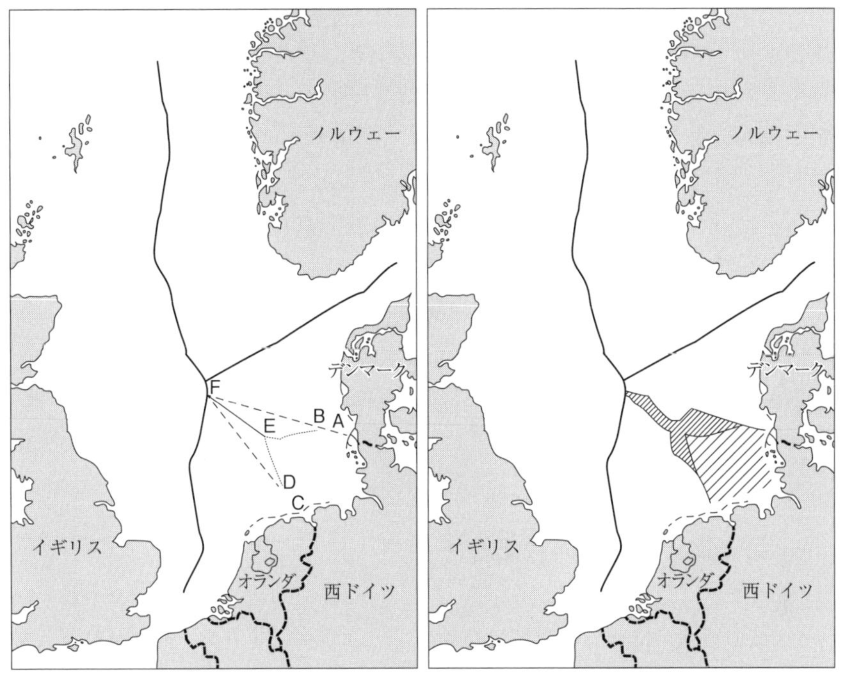

注　西ドイツの大陸棚は斜線部分

出典：西村健一郎・西井正弘・初宿正典編集代表『判例法学』第５版（有斐閣、2012年）254頁。

陸棚条約６条が問題となるが、境界線を決めるべき大陸棚に接する両国の海岸線が比較的短く、相対するというより隣国どうしの海岸の関係が見られる。とくにシリー諸島はウェサン島より西にあるため、その存在はイギリス本土を基準とする等距離線に比べて著しく南西方面に曲がる不均衡な効果を生ずる。この不均衡を減少するため、シリー諸島がウェサン島の約２倍の距離だけ本土からはなれているため、同諸島には、等距離線の決定にあたって、本土から引かれたものの「半分効果」が与えられるとした。

本判決は、北海大陸棚事件で示された自然延長理論を確認したが、この理論が、絶対的価値をもつものではなく、制約され得るとし、衡平原則に重きを置いた点が特徴である。

第6－2図　英仏間大陸棚の境界

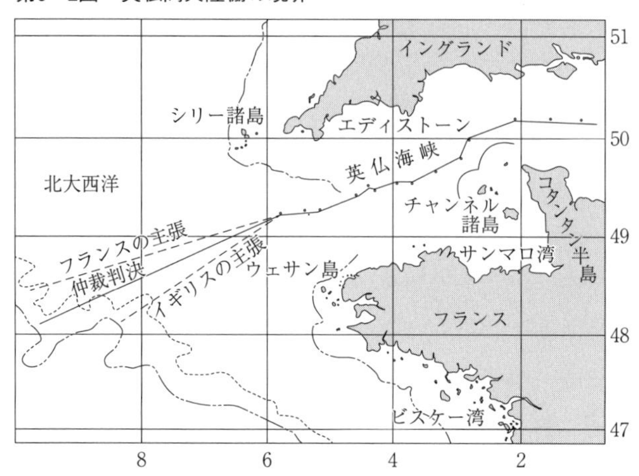

第3節　国連海洋法条約

海洋法会議後の海底資源の開発技術の急速な進歩により、大陸棚条約で定めた範囲を超えてそれよりさらに深い海底の開発が可能となり、沿岸国が開発可能性を根拠に大陸棚の範囲を深海底にまで拡大していくおそれが出てきた。つまり、技術先進国による全世界の海底の分割・独占と軍事化の危険性が生じる事態が憂慮されたのである。

1　大陸棚の定義

第3次国連海洋法会議の初期（1973～75年）は、排他的経済水域（EZ）制度をめぐって激しい議論が繰り広げられ、距岸200カイリまで沿岸国の管轄権が及ぶことになった。排他的経済水域は、沿岸国に条件付きで生物資源の管理・保存を委ねたもので、領海のような主権を与えたものではない（第5章第3節および第1節参照）。しかし、上部水域だけではなく海底までもその範囲に含むとされたため、海底においては「大陸棚」と同じ権限を沿岸国に与えるものであると誤解された。

その結果、200カイリまでの海底を排他的経済水域制度に包摂すれば大陸棚

第6－3図　「大陸移動説」と大陸棚概念図

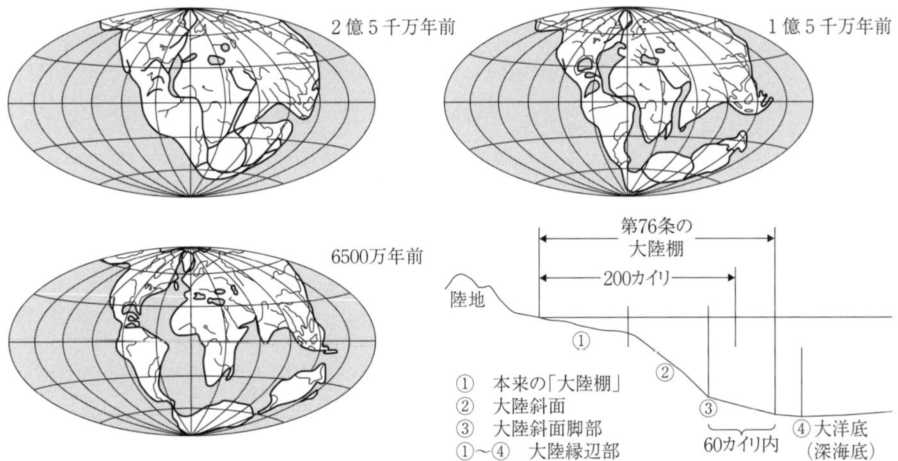

制度は必要ないという意見が有力になり、大陸棚制度を維持するかどうかについて議論が生じた。

1976年、イギリスとオーストラリアの地質学者が海洋法会議に出席し、大陸移動説（プレートテクトニクス理論）を紹介した。それによれば、「大陸は毎年少しずつ移動している。その証拠として、南米大陸東海岸とアフリカ大陸西海岸の形状が一致するのは、約５千万年前１つの大陸（ゴンドワナ大陸と呼ばれる）が分裂して東西に移動したことを示している（第６－３図参照）。また、エベレスト山脈の地層は、インド亜大陸が南のアフリカ東岸から分離して北へ漂移しユーラシア大陸とぶつかって盛り上がってできたことを物語っている。このように、移動する大陸は大洋底の上にパンケーキのように浮いており、その外端までが大陸と同じ地殻を構成する」。すなわち、大陸は陸地の外側をなす海底まで続いていて、そこまでを大陸棚とすればいいという考え方を示したのである。

さらに、海底は海岸から水深200mくらいまでなだらかに続き（大陸棚条約にいう大陸棚）、そこから急な斜面となり水深3000mくらいでややなだらかな斜面となる。その外側はなだらかに下って平らな海底（大洋底）になる。急な斜面までは明らかに移動する大陸と一体をなすもので、その外側の大洋底に向かうなだらかな部分に大陸と海洋の限界がある。そして、急な斜面となだらかな斜面の境界は、斜面脚部として容易に見つけることができる、とした（第6－3図下の概略図参照）。

海洋法会議では何度も大陸移動説のセミナーが開かれ、これに出席した海洋法会議者は上記の説明を聞いた。その結果、移動する陸地の外端を「大陸縁辺部」と呼び大陸棚の定義とする提案が採用されるに至った。したがって、海洋法条約上の「大陸棚」は、陸地から流出した土砂の堆積層で水深約200mの所に見られる地質学的な大陸棚とは全く異なるものとなった。

しかし、「大陸縁辺部」とは具体的にどこまでとするかをめぐって各々の国の海岸地形を考慮してさまざまな利害の対立が現れた。

大陸棚の範囲には、２つの問題がある。１は、大陸棚の沖に向かっての限界であり、他は、他国との境界画定である。後者は、隣接国の場合と相対国の場合に分かれる。ここでは、まず大陸棚の沖に向かっての限界を扱う。

⑴　大陸棚が200カイリ以内の場合

大陸棚の範囲については、大陸棚条約では、開発可能性が基準とされたが、海洋法条約では、新しい基準が採用された。それが、76条１項である。

①　領海の外側に広がる海面の下の海底およびその下で、領土の自然の延長をたどって大陸縁辺部の外側に至るまで

②　大陸棚縁辺部の外縁が領海の基線から200カイリ未満の場合には、領海の外側の海面の下の海底およびその下で、当該基線から200カイリまで

大陸縁辺部（コンチネンタル・マージン）とは、沿岸国の陸塊が海面下まで伸びている部分であって、棚、斜面およびコンチネンタル・ライズの海底とその下よりなる（76条⑶）。「棚」は、地形学・地質学上の大陸棚に相当し、「斜面」は、大陸棚の外縁からコンチネンタル・ライズの始まるところまでまたは傾斜が急に減少するところまでの斜面（大陸斜面）である。また、コンチネンタル・ライズは、深海底から大陸斜面までの緩やかな海底をいい、斜面とコンチネンタル・ライズの境界が大陸斜面の脚部である。なお、大洋底およびその海洋海嶺またはその下は大陸縁辺部には含まれない。

【大洋底、海洋海嶺など】　海洋法条約76条には、大洋底、海洋海嶺などの用語が用いられている。定義はないが、それぞれ大陸棚の外縁画定に一定の効果を持つ。地質学上、海嶺とは、急峻な斜面をもつ細長い高まりをなす海底地形を

いい、海洋海嶺は海洋性地殻でできている海嶺のことといわれる。しかし、たとえば数字上で決まる大陸棚と用語で決まる大陸棚との間に齟齬は生じないのであろうか。

⑵　大陸棚が200カイリを超える場合

大陸棚の外縁の具体的な位置を決めるために、条約ではつぎの２つの方法が採用された（76条⑷）。

① 堆積岩の厚さが大陸斜面の脚部までの最短距離の少なくとも１％である最も外側の定点を結ぶ線

② 大陸斜面の脚部から60カイリを超えない定点を結ぶ線

海洋法会議で、①は、アイルランドの提案に基づくものであるが、この方式は、石油資源が存在すると思われるコンチネンタル・ライズの主要部分を大陸棚に取り込むことを目的としている。

また②は、当初の案では、陸と海の境界は斜面の基部にあるが、その正確な位置の決定に困難が伴うため、国際海洋境界委員会（大陸棚限界委員会の原型）が一定の幅の境界ゾーンを決めて、その範囲内で沿岸国が外縁を同委員会の承認を受けるために提案するというものであった。その後の交渉の結果、②の形に修正された。

いずれの方法も大陸斜面の脚部が基準となるため、その位置が重要となる。大陸斜面の脚部は、反証のない限り、その大陸斜面の基部での勾配が最も変化する点とされており（76条⑷(b)）、地形学的に決定される。

⑶　200カイリを超える外縁線の制限

この制限は、沿岸国の大陸棚が広大なものとなり、深海底が狭くなることを懸念して導入されたものである。上記①②に基づく外縁線には、次の２つの制限が課されるが（76条⑸）、加盟国は有利なほうを適用できる。

① 領海基線から350カイリを超えないこと

② 2500m 等深線から100カイリを超えないこと

なお、海底海嶺の場合、そのような制限はないが、上記①②で課される制限のうち、①の350カイリの距離制限のみしか適用されない（76条⑹）。海嶺によっては、その延長方向に2500m 等深線が遠方まで延長している場合があり、②の制限は、役に立たないためである。

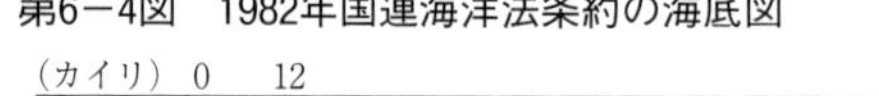
第6－4図　1982年国連海洋法条約の海底図

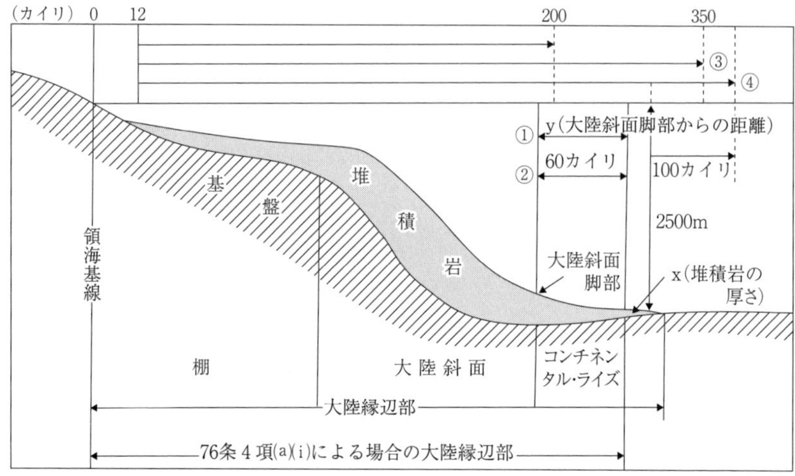

※外側の限界の引き方は、76条による。
①ある地点の堆積岩の厚さ（x）と大陸斜面の脚部からの距離（y）との比が1％以上（x≧y/100）の点。
②大陸斜面の脚部から60カイリを超えない点。
本図では、①の方法による外縁の位置のほうが沖合側となるように描かれているが、逆の場合もあり得る。その場合には、②の方法による外縁の位置までが大陸棚となる。
③領海基線から350カイリを超えてはならない。
④水深2500m 等深線から100カイリを超えてはならない。
本図では、④の方法による外縁の位置のほうが沖合側となるように描かれているが、逆の場合もあり得る。その場合には、③の方法による外縁の位置までが大陸棚となる。
出典：杉原高嶺編集代表『コンサイス条約集』（三省堂、2009年）470頁所載の図をもとに作成。

ただし、海台（かなりの広さをもつ上部が平坦ないしはほぼ平坦な地域であり、その一方またはそれ以上の方向が急に深くなっているもの）、海膨（海底からなだらかに盛り上がった幅広い高まり）、キャップ（帽子状の丸い頂部をもつ海底地形）、堆（比較的浅い海底の高まり）および海脚（海台等のより大きな地形から突き出た高まり）などは、①②のいずれの制限も適用できる（76条(6)）。

沿岸国は、上記(1)〜(3)に基づき外縁線を引くが、その線は連続した曲線ではなく、最大60カイリの間隔の点を直線で結ぶこととする（76条(7)）。

現在、この大陸棚の外縁画定問題は、「大陸棚の限界に関する委員会」が担当している。

【大陸棚限界委員会】　領海基線から200カイリを超えて延びる大陸棚の限界を確定するためには、沿岸国は、大陸棚の限界に関する情報を根拠となるデータ等を（自国について条約が効力を生じてから10年以内に条約附属書Ⅱに基づき設置される）地質学、地球物理学および水路学の分野の専門家からなる大陸棚限界委員会に提出して勧告を受けなければならない（76条⑻）。なお、わが国は、2008年11月に大陸棚延長の申請を行った。そして2012年4月に7区域のうち6区域を認める（部分的に削られている）との勧告がなされ、わが国も受諾した。

⑷　排他的経済水域と大陸棚の境界画定の相違

大陸棚と排他的経済水域はともに、資源の探査・開発を目的とする制度である。海洋法条約でも両者は分けて規定され、大陸棚は、76条以下、排他的経済水域は、55条以下となっている。

両制度は、沿岸国の主権的権利の内容などが異なるが、沖合に向かっては距岸200カイリまで全く重複することになる。したがって、200カイリまで大陸棚は排他的経済水域に含まれるとの見解がある。これには有力な反対があり、両者の違いは歴史的に大陸棚が排他的経済水域に先行したことと、大陸棚はその設定には宣言の必要がないのに対し、排他的経済水域は必ず宣言を要する点にも見られる。

2　大陸棚に対する沿岸国の権利義務

海洋法条約は、大陸棚条約2条とほぼ同一内容を規定している。ここでは、そのほかについて述べることとする。

⑴　200カイリ以遠の大陸棚開発に関する支払と現物拠出の義務（82条）

この規定は、200カイリ以遠を主張する国と200カイリに制限しようとする国の妥協としてできたもので、一部の国の大陸棚の範囲に有利な立場を認める代わりに、開発利益の一部を国際社会、とくに開発途上国に還元しようとするものである。

沿岸国は、200カイリ以遠の大陸棚の鉱物資源の開発に際し、金銭支払や現物拠出を行う（82条⑴）。国際海底機構を通じて行わる支払や拠出は、開発途上国（とくに、後発開発途上国、開発途上内陸国）の利益や必要を考慮して、衡平な配分基準に基づいて配分される（82条⑷および162条⑵(o)(i)）。支払や拠出は、年ごとの利益還元の割合が決められているが（82条⑵）、大陸棚生産鉱物資源の純輸入国である開発途上国は、この義務を免除される（同条⑶）。

(2) 海底電線および海底パイプライン（79条）

すべての国は、大陸棚上に海底電線と海底パイプラインを敷設する権利を持つが、沿岸国は、これらの敷設・維持を妨げることができない。他方、海底パイプラインの敷設の経路設定には沿岸国の同意が要る。また既設のものには妥当な考慮を払う。

(3) 人工島・施設・構築物（80条）

大陸棚の鉱物資源の開発には、人工島のほか、設備や構築物などが必要となる。人工島は、海洋法条約121条に規定があるが、それ以外の設備や構築物には国際法上定義がない。国内法上の扱いがあるだけで、海洋施設、港湾施設などに分かれる。とくに船舶であるか否か、適用海域などが問題になるといわれる。

大陸棚上の人工島・施設・構築物は、排他的経済水域の規定（60条）が準用され、沿岸国は、建設・許可・規制する排他的権限を持つが、放棄されたものは、航行安全のため除去される。

なお、沿岸国は、必要があれば、人工島・施設・構築物の周辺500m以内に安全水域を設定できるが、航行の安全のため適当な措置をとる。

(4) 掘削（81、85条）

沿岸国は、あらゆる目的のために大陸棚を掘削する許可・規制の排他的権利を持っており、沿岸国の同意を得て行われる大陸棚の科学的調査のための掘削もこれに含まれる（246条(5)(b)）。

なお、青函トンネルの海底部について、海洋法条約以前には公海の海底部分であった。1988年の閣議で、該当部分は北海道と青森県の関係町村にそれぞれ編入され、領土と同様の管轄権行使が認められた。

第4節　大陸棚の境界画定——国際判例の動向

海洋法会議では他国との境界画定について、合意によることには異論がなかったが、その際に考慮すべき基準として等距離・中間線を原則とすべきであるとする立場と、衡平原則に基づくべきであるとする立場とが激しく対立した。一時は両論併記の案も出された、結局、現在の83条1項に落ち着いたが、衡平な解決達成のため、国際法による合意を重視することとされた。

なお、関係国が合理的期間内に合意できない場合には、279条以下に定める紛争解決手続に委ねられることになっている（同条(2)）。

大陸棚条約は、境界は関係国の合意で決定するとした。合意のない場合、等距離中間線とするとされた（6条(1)）。

北海大陸棚判決では、自然延長論が示され、これを基礎に境界画定を衡平原則によって行うことが国際法規則とされた。英仏大陸棚判決では、これをさらに発展させて、関連事情を衡平原則と同等に位置づけたのである。つまり、慣習国際法を否定した大陸棚条約6条の趣旨を生かし、相対国間で中間線、隣接国間で等距離線を適用し、かつ特別な事情を考慮して、衡平な解決をめざしたのである。

国際司法裁判所は、その後、衡平原則の内容の具体化を試みることになる。たとえば、1982年のチュニジア・リビア大陸棚事件では、同じ大陸棚上の隣接国どうしでは、陸地の自然延長の原則からは基準が得られないとされ、海岸線の方向や形状、島の存在などを考慮した上での境界線が示されたのである。また1985年のリビア・マルタ大陸棚事件判決では、自然延長の原則からは境界画定の基準は得られないので、両国の海岸間の中間線をベースに海岸の長さとの均衡性などの関連事情を個別的に考慮して、境界線が決められたのである。

1993年のヤン・マイエン海域境界画定事件でも、これと同様の方法がとられたが、衡平な解決に至るための関連事情として、海岸の長さ、漁業資源等の分布、海上の氷の存在などが考慮された。

また、2001年のカタール・バーレーン間の大陸棚境界画定事件では、比例性、つまり海岸の長さの比率が関連事情とされた。

【チュニジア・リビア大陸棚事件（1982年）】　チュニジアとリビアは隣国どうしであるが、沖合の大陸棚に石油資源の埋蔵が確認され、両国間の大陸棚の境界画定は、コンセッション認可の競合もあって、紛争が生じた。本決判決で注目されたのは、北海大陸棚事件同様に隣接国どうしであったにもかかわらず、自然延長論が沿岸国の物理的対象を明確にするが、同一大陸棚の隣接国間では権利の正確な範囲を決定するのに不適当とされ採用されなかった点である。代わりに、境界画定は、あらゆる関連基準を考慮して、衡平な原則に従って行わなければならない。衡平な結果を生みだすために考慮すべき関連事情とは、両国の海岸線の関係、島の存在、両国国境と紛争発生前の行為である。

なお、チュニジア沖の島には、沿岸の構成部分であるとして半分効果を与え、海岸の一般的方向を修正した。実際の境界線は２段階に分かれ、第１は海岸よりチュニジアの海岸線が急激に変わる地点の緯線まで、第２はそこから島と海岸線との２等分線と平行な線が沖に向かって引かれた。

【リビア・マルタ大陸棚事件（1985年）】 リビアとマルタ両国は、大陸棚が相対する国どうしである。マルタは、両国間の大陸棚の境界線について中間線を提案したが、リビアが同意せず、国際司法裁判所に紛争が付託された。裁判所は、衡平原則に従ってすべての関連事情を考慮して、境界線を引くこと、ただし、自然延長の考えは適用されないこととした。しかし裁判所は、等距離の方法が向かい合った海岸を持つ国家間で境界画定を行う場合には、衡平な性格を持ち得る可能性がきわめて高いことに注目する。かくして、両国の向かい合った海岸間に暫定的に中間線を引くことが、衡平な結果を達成する上で最も思慮ある方法であるとした。しかし、相対するリビアとマルタで違うのは、両国の面積である。大きさの違う国どうしの場合、中間線はどのように変わるのか。

衡平な境界画定を達成するため考慮すべき事情と要因は、⑴海岸の一般的形状、海岸の対向性、全般的地理的状況における両国の関係、⑵関連海岸の長さの不均等、両海岸間の距離、⑶沿岸国に属する大陸棚の範囲と海岸の関連部分の長さとの間の過度の不均衡を避ける必要性、である。

以上の事情を勘案して、まず低潮線から暫定中間線を引き、次いでこの中間線を関連事情によって調整し、北にずらした線を境界線とした。

【メイン湾海域境界画定事件（1984年）】 当時まだ排他的経済水域はアメリカ・カナダ両国によって採用されておらず、両国の排他的漁業水域が大陸棚とともに対象になった。問題は、両者に共通の境界線を求めるという両国の要請にどう応ずるかであった。国際司法裁判所は、境界画定は衡平の基準で、地理的形状などの関連事情を考慮し、衡平な結果が得られるようすべきとした。とくに海岸線の長さと沖合の島にも一定の効果を与えて、衡平原則＝関連事情の基準により１本の境界線が示された。海域の管轄権行使を考えると、両制度に共通の１本の境界線が望ましいが、論理的には、同一海域に上部水域と海底部分と

第6－5図　チュニジア・リビア大陸棚事件

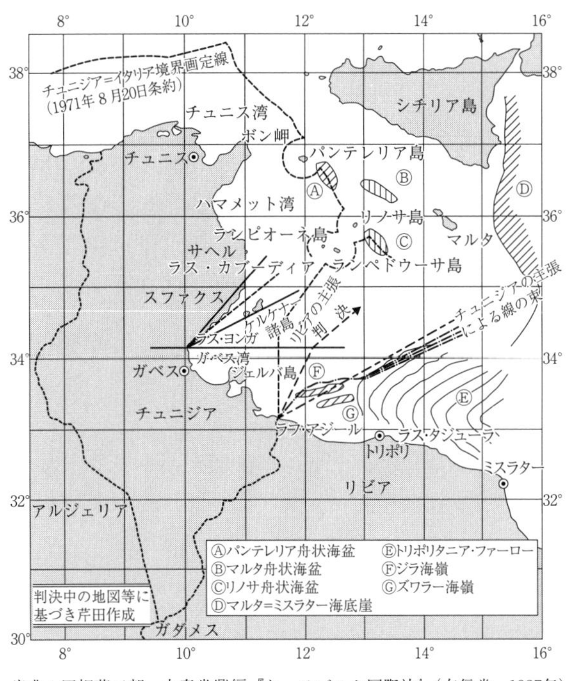

出典：田畑茂二郎・太寿堂鼎編『ケースブック国際法』（有信堂、1987年）153頁。

で異なる２本の境界線が引かれる可能性を否定することはできない。また衡平の原則の具体的内容は、紛争海域の特徴との関連でしか明らかにならないので、境界線は事例ごとに個別に決定されると判示された。

以上の国際判例を概観して気づくのは、結局、国際法の原則とは、大陸棚条約６条の述べる規則ではないかということである。その点で、国際司法裁判所の判決ではないが、英仏がかかわった1977年の判決がきわめて注目される。つまり、等距離・中間線が基本で、それに関連事情を考慮に入れるという定式である。上で取り上げたチュニジア・リビア事件、リビア・マルタ事件以後も、まず隣接国間には等距離線を、相対国間には中間線を引き、その後、関連事情があれば修正を加えるという方法である。しかし、関連事情の定式化はきわめて困難である。世界中に１つとして同じ地形、大陸棚、海岸線はないといわれる以上、当然のことかもしれない。

第５節　わが国の大陸棚

わが国は、1996年に国連海洋法条約を批准した際に、「排他的経済水域及び大陸棚に関する法律」を制定し、日本の主権的権利その他の権利の及ぶ大陸棚の範囲を、①領海基線から200カイリまでの海域（領海を除く）（その線が外国との間の中間線を超えている場合には、中間線までまたは外国と合意した線まで）、②200カイリ以遠で国連海洋法条約76条に定めのある一定限度までの海域、の海底およびその下と定めた。また、現在200カイリを超える大陸棚の範囲を確定するため、前述のとおり、2008年に大陸棚限界委員会に申請を行い、2012年に勧告を受諾した。

現時点でわが国は大陸棚について２つの課題をかかえている。⑴大陸棚延伸の確保と、⑵近隣国との境界画定である。

1　大陸棚延伸の確保

2008年11月日本政府は、海洋法条約附属書Ⅱ、４条に基づき大陸棚限界委員会に、太平洋側の７海域について200カイリを超える海底の大陸棚延伸申請を提出した。９隻の調査船で数年かけて延伸可能性がある海域の深度を調査し、大陸棚「斜面脚部」の定義に該当すると思われる約2000か所以上の地点のデータを提出した。大陸棚委員会は各国から提出された申請を順次審査し、2012年日本の申請を審査・承認した。承認された延伸海域は、隣接国との調整が必要なためペンディングとなった九州・パラオ南部海嶺海域を除いて約31万平方キロメートル（日本の国土面積の約80％）であった。日本政府は、その中から他国と調整の必要がある部分を残して別図のような海底を日本の延伸大陸棚とした。

この海域には、日本の100年分のエネルギー需要をまかなえる可能性があるメタンハイドレードや、半導体など先端産業に必要な希少金属資源（レアメタル等）コバルトクラストや熱水鉱床が見つかっており、採鉱・精錬技術の開発が進められている。

しかし、中国は沖ノ鳥島が大陸棚を有する島であることを否定しており、沖ノ鳥島に接続する海域の大陸棚延伸を否定する。また、日本政府が設定した大

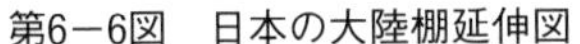

第6－6図　日本の大陸棚延伸図

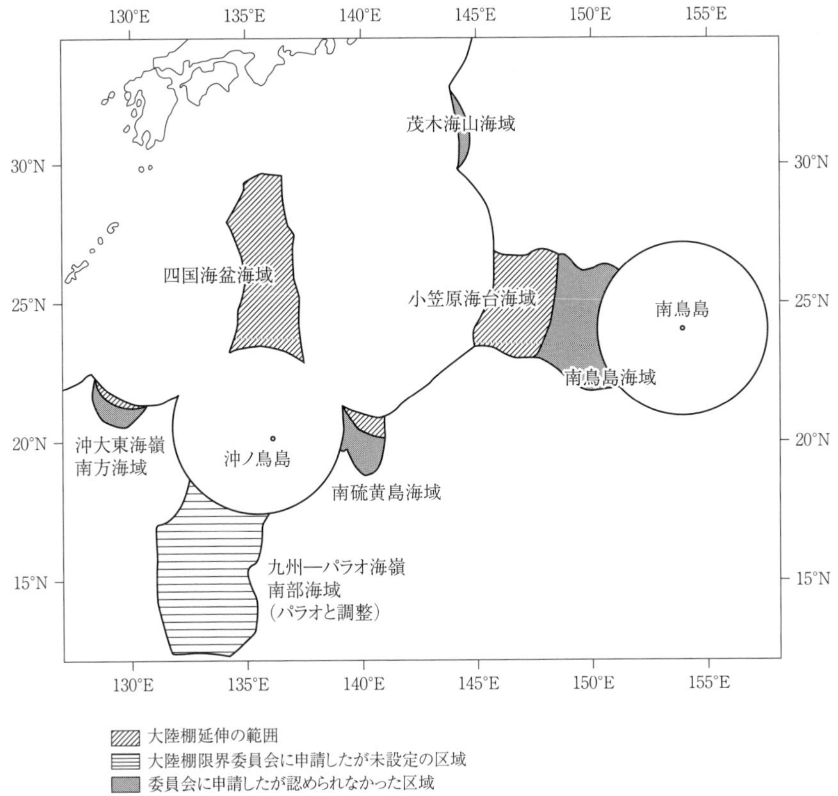

出典：内閣府・大陸棚限界委員会ホームページから合成。

陸棚延伸の範囲が大陸棚委員会が承認した大陸棚斜面脚部と一致するかについても疑問が提起されており、国際的に不安定な面もある。なお、大陸棚限界委員会の規則では、委員会によって承認されたデータに基づいて設定された大陸棚は確定的かつ最終的とされている。

委員会の審査が先送りにされた海域についても、日本政府はパラオとの境界を確定して改めて申請するよう準備している。

2　近隣国との境界画定

1960年代から東シナ海の境界画定をめぐって日本と中国・韓国の間で紛争が

第6−7図　中国・韓国の大陸棚延伸申請

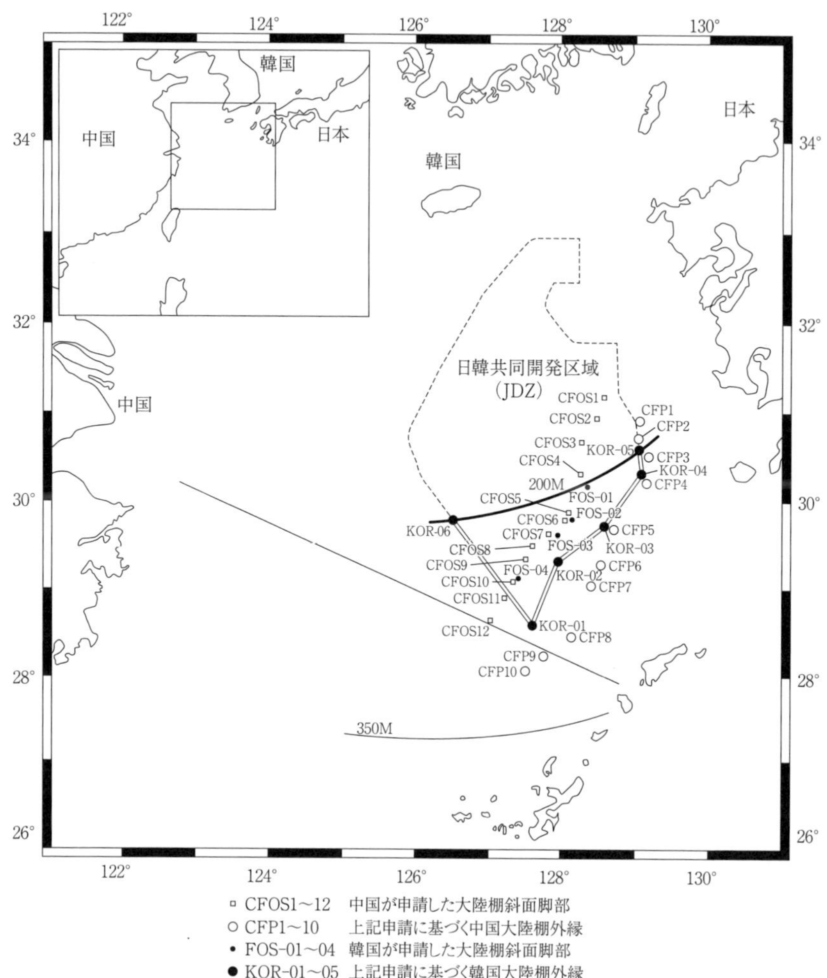

出典：両国の申請書から合成。

続いている。特に1968年国連アジア極東経済員会（ECAFE）が東シナ海海底地層に石油資源が賦存する可能性を報告してから3国間の境界争いがいっそう激しくなった。また、尖閣諸島の帰属が境界画定に大きく影響する可能性があることから、中国が同諸島の領有を主張し、中国との間で緊張を増している。1997年の新日中漁業協定締結に際しても、尖閣諸島の周辺海域は明確な扱いをせず、その北方に広大な暫定措置水域を設けたにすぎない。

日本は、一貫して大陸棚の境界は両国の海岸線から測った中間線とする立場を堅持しているが、中国と韓国は、陸地からの自然の延長を主張し、それぞれの国土から延びる海底の地形を根拠に広い大陸棚を主張している。

日韓の大陸棚境界線は、1974年に北部と南部に分けて2つの協定により画定され、北部については中間線をとり、南部については双方の立場の食い違いを認めた上で、主張の重複する部分を50年間共同開発区域とする制度をつくった。その後98年の新漁業協定締結に際し、双方の排他的経済水域の境界線を基本的に大陸棚境界線に一致させたが、南部の暫定水域は海底の共同開発区域とは範囲を異にし、上部水域と海底とで管轄の境界線が食い違っている。

そして、両国は東シナ海について大陸棚延伸を主張し、沖縄トラフの斜面を大陸棚斜面と見なした申請を大陸棚委員会に提出した。それによれば、両国は、東シナ海海底から沖縄トラフの最深部に向かう斜面を大陸棚斜面と見なし、その斜面が終わる所を「斜面脚部」(FOS) として承認を申請した。委員会は領土紛争にかかわる申請は審査しないことになっており (附属書Ⅱ、9条)、この申請が承認される懸念はない。しかし、両国は各々主張する大陸棚延伸が海洋法条約76条の定義に基づくと主張しており、同条の解釈が新たな議論となっている (第6－7図参照)。

第7章　公　海

海洋法条約86条は、第Ⅶ部（公海）の規定が内水、領海、群島水域および排他的経済水域に含まれないすべての海洋に適用されると規定する。しかし、その部分を公海と定義してはいない。とくに排他的経済水域における他国の船舶航行および上空飛行の権利等はあらためて確認されている。すなわち、資源に対する管轄権以外は、排他的経済水域においても公海の自由が確保されている。したがって、船舶航行に関しては領海と公海の二分法が、資源開発に関しては領海＋排他的経済水域・大陸棚と公海・国際海底の三分法が海洋法の基本的枠組みとなっている。

本書では、86条に基づいて適用される第Ⅶ部の規定を見ていくが、性質により排他的経済水域または大陸棚にも適用される公海制度を排除するわけではない。むしろ、それらを含めて全体として公海制度が成り立っている。

したがって、第Ⅶ部以外にも公海に適用される規定が多数存在する。公海の海底、すなわち深海底および大陸棚のうち基線から200カイリを超えた部分については、それぞれ第Ⅺ部および第Ⅵ部が優先的に適用され、また海洋環境の保護・保全に関しては第Ⅻ部、そして科学的調査に関しては第XIII部にも規定が存するので、本書においてそれらを扱う各章（第6、8、10、および11章）も参照されたい。また、公海漁業に関しては、漁業全般を扱う第9章において、そして公海を含む海洋の平和的利用、安全保障等に関連する規定は第10章において論ずる。

なお、第5章でも見たように、公海に関する海洋法条約第Ⅶ部の諸規定のほとんど（すなわち88条から115条まで）は58条2項を通じて、原則として排他的経済水域にも適用されるため、本章の記述の多くは同水域についてもあてはまることに注意する必要がある。

第1節　公海の法的地位

1　公海の基本的性質

公海に関する基本的な法原則は、公海が、沿岸国たると内陸国たるとを問わず、すべての国に開放されていることである（海洋法条約87条(1)）。それゆえ、いかなる国も、原則として公海を自由に利用することができる。他方、いかなる国も、公海のいかなる部分についても、その主権を主張することはできない(89条)。すなわち、公海の一部を継続的に占有したり、それを自国の領域と見なしたりすることは許されない。

2　公海の自由

公海がすべての国の自由な利用のために開放されているとの考えは、17世紀以来、次第に公海自由の原則として慣習法の形で一般的に受け入れられるに至り、公海条約において明文化された。同条約では、公海の自由として、「特に」、①航行の自由、②漁獲の自由、③海底電線とパイプライン敷設の自由、④上空飛行の自由、があげられていた（2条)。しかしこれらの自由は、「特に」との文言からも明らかな通り、その他の自由も排除するものではなく、時代とともに追加される可能性を示唆していた。海洋法条約においては、上記4つの自由に加え、⑤人工島その他の施設の建設の自由、⑥科学的調査の自由が追加され、かつこれら以外の自由も認められる可能性を残している（87条(1)）。

「公海の自由」というとき、前提となっていることがある。

公海は誰にも帰属しないのではなく、国家からなる国際社会の「共有物」である。したがって、公海はいずれかの国から使用許可を得た者しか使用できない。公海を使用する船舶は、使用の許可を得た国の国籍を明示しなければならない。国籍を示さない船舶は無国籍船として（許可なく公海を使用したという理由で）いずれの国も拿捕することができる。

公海は自由であるが無秩序ではない。船舶は、他国の管轄権行使を拒否することができるが、船籍国の管理に服し船籍国の法令に従わなければならない。旗国は、条約と国際慣習法に基づいて負っている国際義務に従って船舶を管理しなければならない。これを「旗国主義」という。

旗国主義により、公海の自由は２つの点で制約がある。

１つは旗国が負う国際法の規則に定められる条件に従うことである（87条(1)）。海洋法条約の規定としては、海底電線とパイプライン敷設に関する第Ⅵ部、漁業に関する第Ⅶ部第２節、科学的調査に関する第ⅩⅢ部、の諸規定が明記されている。国際法の他の規則としては、たとえば航行、漁業などに関するグローバルまたは地域的ないし２国間のさまざまな条約がその締約国間において適用される。近年では、とくに環境保護と資源保存に関連する多国間条約が締結され、全体として公海の制度を構成している。たとえば2023年６月に成立した「国家管轄権外区域の海洋生物多様性（BBNJ）協定」は、締約国を通じて登録船舶に適用される。

もう１つの制約は、公海の自由は海洋法条約を含めて合法に行使される他国の利益に「妥当な考慮（due regard）」を払って行使されなければならない（87条(2)）。公海の自由はすべての国に公平に認められた制度であり、一国が他国による適法な利用を不当に妨げることを禁じる。たとえば、伝統的な漁場を通航のために頻繁に利用したり、通常航行に利用されている航路に人工島を建設したりすることなどがあげられる。しかし、どのような利用が不当な妨げとなるかについては、一般的基準が存しないので、ケースごとに判断し、当事者間に争いがある場合には紛争解決手段に訴えることができる。

「妥当な考慮」が問題となる公海の利用に軍事演習や核実験がある。国家は、安全のため一定期間公海のある区域で漁業を禁止し、時には通航を制限して軍事演習をすることができる。しかし、不当に長期間広い範囲で他国の使用を妨げてはならない。どの程度の期間にどの程度広い範囲で他国の利用を制限したら違法であるのか基準はない。一方、核実験は実験期間中だけでなく長期にわたって他国の利用を妨げるので違法となる（もっとも大気圏内の核実験は部分的核実験禁止条約によって全面的に禁止されている）。

公海上の核実験が争点となった事件としては、国際司法裁判所の核実験事件（1974年）がある。これは、フランスが南太平洋の一部を大気圏内核実験のために指定し、外国船舶の立入りを禁じ、現実に抗議船の指定区域内への航行を実力阻止したことにつき、オーストラリアとニュージーランドが、実験の違法性に加え、公海上の船舶と上空の航空機に対する妨害および放射性降下物による海洋汚染が公海の自由を侵害するとして提訴したものである。裁判所は、フランスが実験の停止を宣言したため、紛争は終了したとして実質問題に立ち入らずに終わった。核実験が行われたら、一国による公海の利用が他国による利用に「妥当な考慮」を払ったかが争点になったであろう。

第2節　船舶の地位

1　船舶の国籍許与と航行の権利

公海における航行の自由を享有するのは国家であるが、現実にこれを行使する主たる手段は船舶である。そのため、いずれの国も、自国の船舶を公海において航行させる権利を有する（90条）。ここで自国の船舶というのは、自国に登録され、その国籍（船籍）を与えられ、その旗を掲げる権利を付与されたもので、同国はそのような船舶の旗国となる。

船舶に対して国籍を許与する条件は、原則として各国が国内法で自由に定めることができるが、海洋法条約はその唯一の条件として、その国と当該船舶の間に真正な関係（genuine link）が存在しなければならない、としている（91条）。しかしながら、この「真正な関係」が具体的に何を意味するかについては、これまでにしばしば問題にされ、その定義の必要性が主張されてきた。1986年には「船舶の登録要件に関する条約」が採択されたが、批准国は少数で、発効の見込みはない。こうして、「真正な関係」の一般的に受け入れられた定義はいまだ存しない。その結果、国籍許与の条件は、たとえば当該船舶の実質的所有者（船主）の国籍、船舶会社やその役員の国籍、船長や船員の国籍等について、各国の制度が大きく異なっているのが現状である。

過去数十年来、経済的に厳しい国際競争にさらされている海運業界においては、多くの船舶会社はコスト削減のため、こうした船籍許与条件の緩やかな国に登録する傾向にある。そのような国のなかには、登録から得られる収入を目当てに、船員の雇用、国籍、船舶の装備・安全基準、課税等に関する規制を緩め、外国船舶の登録の奨励策をとっている国も多い。このような国が一般に便宜船籍（flag of convenience）国ないし「開放型登録国」と呼ばれるものであり、そのような船舶は「便宜置籍船」といわれる。

便宜置籍船制度の引き起こす問題は、船舶の安全基準や船員の質の低下、旗国の監督の緩和などに起因する国際的基準以下のいわゆるサブスタンダード船の増加、コスト削減による業界の過当競争、それらに伴う海運事故の可能性の増大等が指摘される。さらに、とくに漁船に関しては、第９章第３節において見るように、悪質な漁船の船主が、マグロ等高級商業魚類を狙った違法な漁業や規制回避の漁業等を行うために一部便宜船籍国を利用し、不当な利益を得ることが多く見られる。

ちなみにわが国の外航船舶の大部分もこうした便宜置籍船であり、パナマ、リベリア、バハマ等がおもな旗国となっている。こうして日本籍船は、最も多かった1580隻（1972年）から激減し、2009年には100隻未満となった。輸出入貨物の99％以上を船舶に依存するわが国にとっての安定的な国際海上輸送確保、非常時の対応等の観点から、政府としても2008年に閣議決定された海洋基本計画に沿って、日本国籍船の増大のためにようやく対策をとり始めたところである。

2　旗国主義と旗国の義務

海上における法秩序維持のため、海洋法条約は、船舶は１つの国旗を掲げて航行しなければならず、公海においては、原則としてその旗国の排他的管轄権に服する、と規定する（92条）。これが旗国主義といわれる原則であり、そのような管轄権は船舶自体のみならず、その船内の人と物すべてに及ぶ。便宜上２つ以上の旗を掲げる船舶は、旗国主義の観点から混乱を生じさせるおそれもあり、いずれの国籍も第三国に対して主張し得ないばかりか、そのような船は無国籍船と見なされ（同条）、後述するように軍艦（またはその他の政府船舶）による臨検の対象とされる可能性もある。

海洋法条約は、各国の国内法上の船舶登録条件の統一化が困難であることにかんがみ、自国が登録し、国籍を付与した船舶に対しては旗国としての一定基準の義務を果たすことを求める方式を採用した。こうして、条約はまず一般的に、いずれの旗国も、自国の船籍を持つ船に対して行政上、技術上および社会上の事項について、管轄権を有効に行使し、かつ規制を行わなければならないと定める（94条⑴）。次いで、旗国はそれら船舶について、①その名称と特徴を記載した登録簿を維持し、②同船舶、その船長、職員等に対して行政上、技術上および社会上の事項について、国内法に基づく管轄権を行使し、③海上における安全の確保のために、とくに船舶の構造、設備および堪航性、乗組員の配乗・労働条件および訓練、信号の使用、通信の維持および衝突の予防に必要な措置をとらなければならないとする（94条⑵、⑶）。そのほか、定期的な船舶検査、資格ある船長・職員の配乗、船長・職員による関連国際規則の精通等について一定の基準を確保するよう命じている（同条⑷）。

さらに注目すべきことは、海洋法条約には、旗国に要求される上記のような措置の具体的内容が、将来、時代の要請とともに進展する仕組みが織り込まれていることである。すなわち、そのような措置をとるにあたり、各国は国際社会によって「一般的に受け入れられている国際的な規則、手続及び慣行」を遵守するようにしなければならない（同条⑸）。ここにいう国際的規則等は、主として国際海事機関（IMO）の下で採択され、しばしば改定される諸条約やガイドラインのような他の文書を指し、それらが「一般的に受け入れられる」に至った場合には、たとえ当該条約の締約国でなくとも遵守を求められるという、画期的な法効果を持つものである。そのような条約の例としては、海上人命安全条約（SOLAS）、国際満載喫水線条約（LL）、海上衝突予防に関する国際規則（COLREG）、船員の訓練・資格証明・当直基準に関する国際条約（STCW）、などがある。

以上のように、海洋法条約は自国の船籍を持つ船舶に対する旗国の規制・監督義務を定めているが、実際には多くの旗国、ことに便宜船籍国は義務を十分に果たしているとはいえない。条約には、そのような旗国に対して義務履行を強制する規定は存しない。ただ、そのような義務を果たしていないと信ずるに足りる明白な理由を持つ国は、当該旗国にその事実を通報することができ、旗国は問題を調査し、適当な場合にはそれを是正する措置をとらなければならない（94条⑹）。

なお、旗国の義務の履行問題は、IMOにおいて、とくに近年ほぼ継続的なテーマとなっているが、同機関では便宜船籍国およびその利用国の影響力が強いので、厳しい実効的な方策を講ずることには困難が伴う。

3　海上における事故・海難

海洋法条約は、海上において船舶にかかわる事故や海難および遭難者に遭遇する船舶の義務について、若干の基本的な原則規定を設けている。

まず、自国の船籍を持つ船舶が事故や海難の結果、他国の国民に死亡等重大な傷害や損害をもたらし、他国の船舶、施設または海洋環境に重大な損害をもたらした場合には、旗国には調査をする義務が課せられるが、そのような調査には適正な資格を持った専門家を加えなければならない。また調査の実施において関係国は協力しなければならない（94条(7)）。

つぎに、異なる船籍の船舶間の衝突など、航行上の事故が生じた場合に、船長またはその他の船員に刑事上の責任が問われることがあるが、その際いずれの国の裁判手続に従うべきかが問題となる。この点が争われた古典的判例がローチュス号事件である。

【ローチュス号（SS Lotus）事件】 1926年フランスの郵便船ローチュス号はトルコに向けて航海中、公海上でトルコ船ボスクルト（Boz-Kourt）号と衝突し、後者は沈没し数名のトルコ人船員が死亡した。その後ローチュス号は目的地のコンスタンチノープル港に入港したところ、トルコは衝突時の両船舶の責任者を逮捕し、同国裁判所は有罪判決を言い渡した。この裁判権行使に対しフランスは異議を申し立て、事件は常設国際司法裁判所に付託された。判決（1927年）は、犯罪の結果が発生した船舶の旗国がその犯罪を自国領域内で発生したものと見なし、これを訴追することを禁ずる国際法規則は存しないとして、トルコの裁判権を認めた。

しかしこの結論は、裁判官の間でも6対6に分かれた結果裁判長の決定投票により決まったものであり、また海運業界から強い批判を受けたこともあり、1952年に採択された「船舶衝突及びその他の航行事故の刑事管轄権についての規則の統一に関する国際条約」（ブラッセル条約）によって否定されるに至り、同条約規定がその後の公海条約と海洋法条約の規定のもととなった。

海洋法条約によれば、公海において、衝突その他の航行上の事故が生じた際に船長その他の船員の刑事上の責任が問われる場合には、当該船舶の旗国または船長等が属する国の当局においてのみ手続をとることができる（97条(1)）。また、懲戒上の問題に関しては、当人の資格や免許の証明書を発給した国のみが適正な法的手続を経て、これらを取り消すことができる（同条(2)）。

最後に、通常人の目が届かない海上での航海という危険な活動については、船舶が船籍のいかんを問わず相互に助け合う慣行が古くからあり、公海条約においてこの制度が成文化され、海洋法条約もこれを受け継いだ。こうして、いずれの旗国も、自国船舶の船長に対して、船舶、乗務員または旅客に重大な危険を及ぼさない限度において、以下の措置を要求しなければならない。①海上において生命の危険にさらされている者を発見したときは、その者に援助を与えること。②救援を求める通報を受けたときには、船長に合理的に期待される限度において可能な最高速力で遭難者の救援に赴くこと。③衝突した場合には、相手の船舶とその船内の者を援助し、また可能な場合には、自己の船舶の名称、船籍港および寄港予定の最も近い港を相手の船舶に知らせること（98条(1)）。

4　軍艦・政府船舶の地位

軍艦が特殊な地位を海上において享有することは、第3章第2節においても触れたが、公海においては、軍艦はその旗国以外のいかなる国の管轄権からも完全に免除される（海洋法条約95条）。また、政府が所有または運航する船舶で、政府の非商業的役務にのみ使用されているものもまた、同様に旗国以外の国の管轄権から完全に免除される（96条）。

第3節　海上における不法行為の取締り

海上において船舶または航空機を利用した犯罪やその他の不法行為には、古くから海賊行為、奴隷取引、麻薬取引などがあったが、その後いわゆる海賊放送、船舶のハイジャック（シージャックともいう）、船舶の爆破などのテロ行為、海賊の定義にあてはまらない暴力・犯罪行為などが問題となっている。以下においては、これらの不法行為について論ずるが、ハイジャック等テロ行為関係の問題は第10章第2節で扱う。

1　海賊行為と海上武装強盗

海賊行為は古代ギリシャ時代から記録に残されている犯罪で、その後さまざまな諸国の慣行を経て、17世紀ごろから国際慣習法の規制の対象として取り扱われ始めた。海賊は「人類共通の敵（*hostis humani generis*）」とされ、普遍的管轄権に基づいて、いかなる国もこれを処罰できるとされた。しかし多くの点に関して主要国の慣行の統一はなく、法的に曖昧な状態が続いた。第２次世界大戦後になってはじめて、公海条約の15条を中心とする一連の条文が採択され、その後国連海洋法条約にほぼそのまま受け継がれるに至った。

(1) 国際法上の海賊行為

国際法上の海賊行為は、一般的に漠然と使用される広い意味での海賊・暴力行為とは異なり、伝統的に狭く定義されたもので、海洋法条約もこれに従っている。同条約によれば、海賊行為とされるものは、①私有の船舶または航空機の乗組員または旅客が、②私的目的のために行う不法な暴力行為、抑留行為または略奪行為であって、③公海またはいずれの国の管轄にも服さない場所において、④他の船舶または航空機またはこれらの内にある人もしくは財産に対して行われるものである（101条）。なお、①については、政府船舶でも、乗組員が反乱を起こしそれを支配している場合は私有の船舶と見なされる（102条）。なお本規定は、上述したように、公海のみならず排他的経済水域にも適用されることに注意する必要がある。

上記の要件に照らしてみた場合、たとえばパトロール船などの政府船舶を利用したものや、明らかに政治的・公的目的で行われる行為は、①、②の要件に合致しない。ただし、何が私的目的でないといえるかについては統一した解釈が存しない。またマラッカ海峡内で頻発する武装暴力事件などは、ほとんどが領海内で発生するため③の要件に反し、これらは国際法上「海賊」行為とはされず、通常海上武装暴力、海上武装強盗などと呼ばれる。④の要件は、海賊によって使用される「海賊船」とその略奪等の対象となる第２の船舶の存在を必要とするもの（２船舶要件）で、たとえば、1961年のサンタ・マリア（Santa Maria）号事件のように、同一船内に乗客として乗船していた反政府グループが同船舶を奪取した例や、1985年のアキレ・ラウロ（Achille Lauro）号事件のように、乗客の一部が他の乗客を人質にして船を奪取した例は、いずれも海賊行為とはならず、一般にハイジャックといわれるものである（第10章第２節参照）。

なお、2009年にわが国が制定した「海賊行為の処罰及び海賊行為への対処に関する法律」(海賊対処法) は、その定義する海賊行為に公海および排他的経済水域のみならず、わが国の領海および内水において発生するものも含めている点、および航空機の関与するものを除外している点、国際法上の定義と異なるので注意を要する。

以上の海賊行為に関する規定のなかでも、とくにしばしば問題となるのは「私的目的」とは何かである。「私的目的のために」行われる行為は、元来利得のための行為または他人から何らかのものを奪う欲求を伴った伝統的海賊概念に由来していたが、今日ではそのような動機は不要とされる。ことに問題になるのは「政治的目的」の暴力行為であるが、「政治的目的」の定義は存在せず、統一された学説も存しない。ことに特定の政治・宗教グループ等が行うテロ行為はしばしば一般的な海上犯罪に属することがある。これらはいわば「私的な」政治目的の行為ともいえる。こうして、「私的目的」でない行為は、一般には、その行為に対して国際的責任を問える政府がある場合で、通常は国の法執行にかかわる船舶が行う取締行為といえよう。

「私的目的」に関連して近年問題にされる新しいタイプの行為に環境保護関連の目的で環境・自然保護団体や個人が行う船舶に対する暴力行為がある。最近のとくに過激な例として、わが国の鯨類調査船に対するシーシェパード (本部アメリカ) による妨害行為がある。同団体の活動家は、ことに2007年以来南極海において、船舶やボートを用いて調査船の進路妨害を行い、船内に発炎筒や酪酸入りの瓶を投げ込み、また船体に体当たりを試みたり、ロープを投下してスクリューに絡ませたりする行為を繰り返した。こうした行為は、一部の民間団体が自らの目的を追求するために行う行為であり、「私的目的のために行う……不法な暴力行為」に該当するといわざるを得ないであろう。

なお、この点に関する国内裁判所の判例として、鯨類保護とは無関係ではあるが、環境保護に関連する類似の公海上の合法的活動の妨害行為を国際法上の海賊行為と判断した、1986年のベルギー破毀院のシリウス (Sirius) 号事件がある。同判例は、ベルギー政府から許可を得た船舶が公海上で化学廃棄物質を投棄する作業をグリーンピース (本部オランダ) の活動家がオランダ船籍の船を使用して妨害した事件に関するもので、活動家は投棄作業船に乗船し、ナイフで脅かしたり、投棄用のケーブルを切断したりした。ベルギーの下級裁判所ににおいて、グリーンピース側は、海洋環境に有害な廃棄物の投棄を阻止せんとする彼らの行為は、「世論を変えさせる目的で」行われたものであって、私的目的のものではないと主張したが、破毀院はこれをしりぞけ、それは国際法の規定する「海賊行為」の要件である「私的目的のために」行われたと結論した。

海洋法条約は、すべての国に「最大限に可能な範囲で」海賊行為の抑圧に協力することを命じている（100条）。さらに、いかなる国も、公海その他いずれの国の管轄権にも服さない場所において海賊船・航空機および海賊の支配下にある被害船・航空機を拿捕し、容疑者を逮捕・処罰し、財産を押収することができる（105条）。ただし、そのような執行措置をとることができるのは、軍艦・軍用機その他政府の公務に使用されていることが明示されており、かつ識別可能な船舶・航空機で、そのための権限が与えられているものに限られる（107条）。

⑵　海上武装強盗

国際法の海賊の定義に合致しない領海内の海上武装強盗に関しては、当該沿岸国の主権下にあるため、海洋法の規制対象外であるが、とくに近年事件の多発する東南アジア地域においては、２国間や地域的レベルでの警察機関、海事当局、船主協会などを加えた協力体制が推進されている。なかでも、2004年わが国のイニシアチブで、アジア海賊・武装強盗対策協定が採択され、シンガポールに設立された情報共有センターを通じた協力体制が構築されている。また、ソマリア沿岸およびアデン湾海域において多発する海賊・武装強盗に対しては、ことに2008年以降、国連安全保障理事会が数本の決議を通じて、各国に監視・取締りを要請し、わが国も2009年以来海上自衛艦を現地海域に派遣している。

2　奴隷取引

奴隷制度と奴隷取引の禁止については、19世紀末までに数多くの２国間および多数国間条約が存在していた。そして、1926年には、あらゆる形態の奴隷制度の完全な撤廃とその取引の防止のための国際奴隷条約が採択され、その後の基本的条約となっている。

第２次世界大戦後、イギリスは国内法上、海上での奴隷取引を海賊行為に類するものと見なし、第１次海洋法会議においてその旨の提案を行った。しかしこれは一般的に受け入れられず、公海条約においては、旗国のみが自国船籍の船舶による奴隷の運送を防止し、処罰できるとし、また自国旗が奴隷の運送のために不法に使用されるのを防止するための実効的措置をとるとされた（13条）。海洋法条約もこれを踏襲した（99条）。海洋法条約が受け継いだもう1つの規定は、奴隷は他の船舶に避難した場合にはその船籍のいかんを問わず、その事実自体によって自由となることである（同条）。なお、後述するように、いずれの国の軍艦（または政府船舶）も、外国船が奴隷取引に従事していることを疑うに足りる十分な根拠がある場合には、これを臨検することができる（110条）。

3　麻薬取引

公海上で行われる麻薬や向精神薬取引に関しては、海洋法条約は、すべての国に対し、そのような条約に違反して公海上で行われる不法取引を防止するよう努力することを求め、自国籍船がそのような取引に従事していると信ずるに足りる理由がある場合には、その防止のため他国の協力を要請できると規定するのみである（108条）。

このような一般的な規定を補うため、麻薬の不正取引の取締りのための条約が別途採択されたが、詳しくは第10章第2節において扱う。

4　無許可の放送

1960年代のはじめころから、北海等ヨーロッパ近海の公海に停泊した船舶から、どこの国からも許可を得ていない商業目的の放送が始まり、放送の受信国は、自国籍を持たない船舶から発信されるこれらのいわゆる海賊放送に対して、旗国主義に基づく当時の海洋法の下では、効果的な取締りの手段を持たなかった。そこでヨーロッパ諸国は1965年に採択した領域外からの放送の防止に関する協定を通じて、旗国主義の例外として関係者を処罰できることに合意した。

海洋法条約は、この経験に基づき、さらに広範囲に管轄権を関係国に認める新制度を導入した。同条約はまず、無許可の放送を、国際的な規則に違反して公海上の船舶または施設から行われる音響またはテレビ放送で、一般公衆に向けられたもの、と定義し、すべての国にそのような放送の防止に協力する義務を課した（109条⑴、⑵）。そのような放送に従事する者については、当該船舶・

施設の旗国ないし登録国、当該者の国籍国、放送の受信が可能な国および無線通信が妨害される国の裁判所において訴追することができるとした（同条(3)）。さらに、これら諸国の軍艦（または政府船舶）は当該船舶を臨検し、これを拿捕し、放送機器を押収し、犯行者を逮捕することができるとした（同条(4)）。

第4節　臨　検

公海における安全・秩序を維持するため、いかなる国の軍艦も、疑いのある民間船舶に対し、その船籍を確認するため旗の提示を求め、必要があれば停船を命じ、乗船して書類等を検査できる制度が慣習法上認められてきた。この手続は、厳密には、船舶に接近し船外から船籍の確認を求める権利、すなわち近接権（right of approach）と、相手船舶に乗船し検査する臨検（right of visit）に分けられる。近接権はいずれの国も持っているが、臨検は慣習法または漁業、奴隷取引などの分野における特別条約を通じて、締約国で相互に認め合っていなければ実施することができない。

慣習法上の一般的臨検制度は、公海条約において成文化されたが、海洋法条約はそれをもとに、より詳細な規定を設けた（110条）。それによれば、軍艦は、公海において外国の民間船舶に遭遇した際、以下のいずれかのことを疑うに足りる十分な根拠がある場合に、同船舶を臨検できる。すなわち当該外国船舶が、①海賊行為を行っていること、②奴隷取引に従事していること、③無許可の放送を行っており、かつ当該軍艦の旗国が同放送の取締りにつき管轄権を持っていること、④国籍を有していないこと、⑤他国の旗を掲げているか、または旗を示すことを拒否したが、実際には当該軍艦と同じ国籍を有していること、である。軍艦はこれらの場合に、当該船舶がその旗を掲げる権利を確認することができ、必要あれば乗船して文書を検閲し、なお嫌疑が残る場合には船内においてさらに検査を行うことができる。ただし、もし嫌疑に根拠がないことが証明され、かつ嫌疑を正当とするいかなる行為も行っていなかった場合には、当該船舶の被った損失または損害に対して補償しなければならない（同条(1)〜(3)）。

なお、上記の軍艦に関する規定は軍用航空機についても準用され、また、政府の公務に使用されていることが表示され、かつ識別可能な他の船舶または航空機で、正当な権限を与えられているものにも準用される（同条(4)、(5)）。

第5節　追跡権

公海における船舶に対しその旗国以外の国の法執行船が管轄権を行使できるもう1つの例は、追跡権（right of hot pursuit）の行使の場合である。これは、沿岸国が、外国船舶がその国内法令に違反したと信ずるに足りる十分な理由がある場合に、公海および他国の排他的経済水域内まで継続して追跡できる制度で、継続追跡権とも呼ばれる。追跡権は公海における旗国主義原則の例外となるため、その濫用を防ぐために、海洋法条約はその行使についていくつかの具体的条件を規定した。

まず、追跡は、内水、領海、接続水域、群島水域、排他的経済水域または大陸棚において、外国船舶が当該水域について適用される沿岸国の法令に違反した疑いのある場合に可能となる。たとえば排他的経済水域においては、同水域によって認められた沿岸国の権利（漁業など）を保護する法令に違反したと思われる外国船舶に対してのみ追跡が可能となる。また追跡は、被追跡船舶が当該水域内にあるときに開始される必要があり、継続している限り可能であるが、同船舶がその旗国または第三国の領海に入った場合には追跡権は消滅する（111条(1)～(3)）。

なお、密輸、密漁などの目的で数隻の小型船が母船を中心に一団となって違法行為を行う場合には、小型船が追跡可能水域内で発見されれば、その母船が公海にいる場合でも、一体とみなして追跡の対象とすることができる（同条(4)）。

追跡を行うことができるのは、軍艦、軍用航空機その他の政府の公務に従事するものとして明確に表示され、かつ識別が可能な船舶または航空機に限られる。追跡は、視聴覚的信号を被追跡船が視認しまたは聞くことができる距離から発したのちにのみ、開始できる。また、継続的に、すなわち中断することなく追跡するために、2以上の船舶または航空機が引継ぎ、リレー方式で追跡することも可能である（同条(4)、(5)）。追跡は、いったん中断された場合には、その後に再び続行することはできない。

わが国が追跡権を行使した例としては、1999年3月、能登半島沖において、内水内に侵入した２隻の不審船を海上保安庁および海上自衛隊の巡視船と護衛艦、航空機が公海上まで追跡したケースがある。不審船は停船命令と数回にわたる威嚇射撃を無視して逃げ去った。また、2001年12月には、九州南西海域のわが国排他的経済水域内において、のちに北朝鮮の工作船と判明した国籍不明の漁船型の船舶を、漁業法違反の疑いで、４隻の巡視船と航空機が追跡した。工作船は停船命令を無視して逃走し、日中両国の主張する排他的経済水域の重複する海域で、威嚇射撃をした巡視船との間で銃撃が交わされたのち、船内での爆発直後に沈没した。

第６節　海底電線とパイプライン

第６章において見たように、すべての国は大陸棚に海底電線（ケーブル）とパイプラインを敷設する権利を持つ（海洋法条約79条）。この権利は、大陸棚を越える公海の海底、すなわち深海底においても同様に認められている（112条⑴）。また、大陸棚の場合と同様、これらの敷設に際しては、既存の電線やパイプラインに妥当な考慮を払わなければならず、とくにそれらを修理する可能性を害してはならない（同条⑵）。

他方、深海底における電線とパイプラインに関しては、いずれの国も、自国を旗国とする船舶または自国の管轄に服するものが、通信を妨害するような方法で電線を損壊し、またパイプラインを損壊することが、処罰すべき犯罪となる趣旨の法令を制定しなければならない（113条）。また、海底電線とパイプラインの敷設または修理に際して既設の電線・パイプラインを損壊した場合には、前者の所有者について管轄権を有する国は、前者が損壊の修理の費用を負担すべき旨の法令を制定しなければならない（114条）。

最後に、漁船が事前にあらゆる適当な予防措置をとったにもかかわらず、海底電線・パイプラインの損壊を避けるために錨、網その他の漁具を失ったことを証明する場合には、当該電線・パイプラインの所有者が当該漁船の所有者に補償を行うことを確保するために必要な法令をいずれの国も制定しなければならない（115条）。

第8章　深海底

海洋法上の「深海底」とは、たんに深い海底を指すものではなく、国家の管轄権の及ぶ境界の外にある海底およびその下をいう（海洋法条約1条1項(1)）（英文の条約では “the Area” と呼ばれる）。

深海底は大陸棚の外側、深さ約3000m以上の海底で、そこで大量に発見されたマンガン団塊が資源として注目されるまで人類の意識の外にあった。マンガン団塊はニッケル、コバルト、銅を含有し、含有率が高い鉱石は主に太平洋東北部の水深6000mの区域に賦存する。ニッケルは水に錆びない金属をつくるのに不可欠で、今日ではほとんどの金属製品に使用されている。コバルトはロケット・航空機のエンジン、原子炉の炉心、大砲など高熱を出す金属部品をつくるのに用いられる。銅は電気製品・銅線に使われ、マンガンは鉄鉱石の触媒として製鉄に使われる。そして、地上に賦存する銅、ニッケル、コバルトはおよそ60〜150年後に涸渇するが、マンガン団塊から採取できれば数千年の需要をまかなうことができるといわれている。

しかし、マンガン団塊が賦存する海底は約600気圧の水圧になり、1平方cmあたり約6トンの圧力がかかる。また、海上から鉱石を採取するためには直線でも6000mのパイプが必要となる。海上で1万トン級の母船を使ったとしたらマッチ箱から3mほどの糸を下すような作業になる。また、商業的資源開発としては、海底から鉱石を採取し製錬が可能な陸地まで運び、製錬と精錬（高純度の金属を抽出する）をして金属を利用するのに多大なコストがかかる。これを資源として採取するためのチャレンジが今まさに始まっている。

第1節　深海底制度の生成

海洋やその資源を国際的に管理するべきであるとの漠然としたアイディアは、1937年の国際法学会の決議等、第2次世界大戦以前から個人や学会等において見られたが、具体的に海底のみに関する初期の提案としては、フランスの国際法学者ラプラデル（A. G. de Lapradelle）のものがある。彼は1949年のフランスの学会における報告で、領海外の海底はすべて万人の共有物と見なされ、その資源の探査・開発・分配は国連の手に委ねられるべきであるとした。

その後、アメリカの地質学者メロー（J. Mero）は、1965年に出版した著書『海洋の鉱物資源』において、希少な非鉄金属資源を含む膨大な量のマンガン団塊（海洋法条約では「多金属団塊」と呼ばれる）が世界の深海底の表面に賦存していることを明らかにし、これが新たな資源として注目されることとなった。そして、同年12月ジョンソン米国大統領が開催した「国際協力に関するホワイトハウス会議」において、「天然資源の保存・開発に関する委員会」は、早速メローの指摘したマンガン団塊の開発可能性に言及し、これらの「世界共同体の共同財産」たる資源の分配等は、国際法に従う必要があるとし、そのための国連専門機関を設立すべきことも示唆した。同大統領はまた、翌1966年7月の演説において、「深海と海底は、すべての人類の遺産（legacy）であり、またそうあり続けることをわれわれは確保しなければならない、」としている。

こうした動きを背景として、1967年8月、マルタは深海底の平和的利用に関する宣言と条約についての問題を国連総会の議題とすることを提案した。そして総会の審議のなかで、マルタ代表のパルド大使は、国家の管轄権外の海底は「人類の共同財産」（原文では “common heritage of mankind”。「共同遺産」とも訳される）とし、もっぱら平和的目的のために、人類全体の利益のためのみに利用すること、そして深海底におけるすべての活動を規制し、監督・管理するための国際機関を設立する条約を策定することを提案した。

同議題とマルタ提案を審議した国連総会は、同年12月、国家管轄権外の海底の平和的利用問題等を検討するためのアドホク委員会の設置を決定した。総会は69年以降これを常設の海底平和利用委員会に格上げし、73年まで作業を行った。70年12月に総会が第３次国連海洋法会議の開催を決定した後は、メンバーを85か国に拡大し、会議の準備作業を委ねるに至った。

海底委員会は1970年に１つの画期的な成果を生みだした。それは、将来の深海底制度の中心となるべき一連の原則草案を起草したことで、これが同年の国連総会において反対なしに採択された「国家管轄権の範囲を越えた海底およびその地下を律する原則宣言」（深海底原則宣言）である。その内容は、深海底とその資源は人類の共同財産であること、同資源の探査・開発活動は将来設立される国際制度によって規律され、途上国の利益とニーズを考慮して人類全体のために行われること、深海底はもっぱら平和的目的の利用のためにすべての国に開放されることなど、その後の深海底制策定のための基本的基盤を構成するものであった（その原則のほとんどは海洋法条約第XI部に反映されているので、条約に則してより詳しく後述する）。

その後、1973年より第３次国連海洋法会議が始まり、1982年に包括的な海洋法条約を採択し、さらにその後1994年、条約の第XI部（深海底）および関連附属書等に関して大幅な修正を加えた第XI部実施協定が採択された。

第２節　深海底制度と実施協定による修正

1　深海底制度の基本原則

条約第XI部は、とくに深海底資源の探査・開発活動に関してきわめて詳細かつ複雑な規定を設けていたが、資源開発に関する早期活動の見通しが立たなくなり、上述のように第XI部実施協定によってその内容が大きく修正された。しかし条約の基本的な諸原則は、とくに開発途上国等の強い要求でそのまま残された。これらの基本原則のおもな規定は以下の通りである。

①　深海底およびその資源は人類の共同財産である（136条）。なお、ここにいう「資源」とは、すべての固体状、液体状または気体状の鉱物資源をいう（133条）。したがって、マンガン団塊、コバルト（・リッチ・）クラスト（海山の表面等に付着し、チタン、ニッケル、プラチナ、タリウム、タングステン、モリブデン等を含む）はいうまでもなく、溶解した鉱物を海底から噴出する熱水とその鉱物が冷却されて海底に沈殿し、煙突状等の堆積物を形成した

熱水鉱床（銅、鉛、亜鉛、金、銀等を含有）などもこれに含まれる。

② いずれの国も、深海底またはその資源について主権または主権的権利を主張してはならず、またいずれの国、個人・法人による深海底またはその資源のいかなる部分の専有も禁止される（137条(1)）。

③ 深海底資源に関するすべての権利は、人類全体に付与され、本条約が設立する国際海底機構が人類全体のために行動する。深海底から採取される資源（鉱物）は、条約および国際海底機構の規則・手続に従うことによってのみ譲渡することができる（同条(2)）。

④ 深海底に関する国の一般的な行為は、平和・安全の維持および国際協力・相互理解の促進のため、本条約、国連憲章の原則および国際法に従う（138条）。

⑤ 深海底活動は、沿岸国、内陸国を問わず、また、開発途上国や国連によって認められた完全な独立・自治未達成の人民の利益およびニーズに特別の考慮を払って、人類全体の利益のために行う（140条(1)）。

⑥ 深海底における科学的調査は、本条約第XIII部の規定に従い、もっぱら平和的目的のため、かつ、人類全体の利益のために実施する（143条(1)）。

⑦ 深海底活動については、それにより生ずる有害な影響からの海洋環境の効果的保護を確保するため、本条約に基づき必要な措置をとる（145条(1)）。

⑧ 深海底活動への開発途上国の効果的参加については、途上国の特別の利益・ニーズ、とくに内陸国および地理的不利国の不利な位置にあることから生ずる障害を克服することの必要性に妥当な考慮を払い、促進する（148条）。

2 国際海底機構

それでは、以上のような原則を具現するため、海洋法条約はいかなる組織と制度を構築したのか。海洋法条約は、まず、とくに深海底の資源を管理するためにすべての締約国からなる国際海底機構を設立し、本部をジャマイカに置いた。その主要な常設機関は総会、理事会および事務局であり、さらに開発活動を行う予定の事業体（Enterprise）の設立が規定され、理事会の下には経済計画委員会と法律・技術委員会の設置が予定されていた。

⑴　意思決定機関

しかし、これらに関する条約の規定は、第XI部実施協定によって、多くの点で修正された。まず、条約の下で設置されるすべての機関・組織は費用対効果の大きいものとすることが確認された（実施協定附属書１節⑵）。ついで、機構のすべての構成国からなり、各国が１票を持つ総会は機構の「最高機関」とされ、強い権限を付与されていたが、実施協定はこれを弱体化し、代わって理事会の権限を強化し、機構の主要な実質的意思決定を理事会に委ねた。総会のおもな権限は、理事会等諸機関の選挙、予算の採択、海底探査・開発等に関する規則の採択、資源開発から生ずる利益の配分等である。また、総会の意思決定手続に関しては、条約では多数決制度を規定しているが（159条）、実施協定には、これに加え、原則としてすべての決定がコンセンサスで行われるべきこと、および票決を行うには、コンセンサス決議のためのあらゆる努力が尽くされることを条件とすることが明記された（実施協定附属書３節⑵、⑶）。

⑵　理事会

理事会は、36か国からなり、機構の執行機関として、総会の定める一般的政策の具体的施策を実行する。なかでも初期の重要な任務は、深海底事業主体による資源探査のための業務計画の承認および監督である。理事国の構成については、深海底開発に関連する諸国の主要利益グループの代表および衡平な地理的配分の原則を反映した複雑な方式が定められており、第XI部実施協定は、それをとくにアメリカが条約に加入した場合にその席を常時確保し得るようにする等修正し、その結果以下のように５つのグループから構成されるとした。

①　過去５年間に、深海底から採取される種類の鉱物から生産される商品の世界の全消費量の２％以上の消費国、または全輸入量の２％以上の輸入国のなかから選出される４か国。ただし、同４か国のなかには、東欧地域において最大の国内総生産を有する国および条約発効時点における国内総生産の最大国を含むものとする。

②　直接または国民を通じて深海底活動の準備・実施に最大の投資を行ってきた８か国のなかから選出される４か国。

③　上記鉱物の最大輸出国のなかから選出される４か国。ただし、そのなかにはその輸出が同国経済に重要な関係を有している途上国を２か国含むも

のとする。

④　途上国のなかから選出される6か国。これら諸国はそれぞれ、人口の多い国、内陸または地理的不利国、島嶼国、上記鉱物の主要輸入国、同種鉱物の潜在的生産国、および後発開発途上国、の各特別利益を代表する。

⑤　理事会全体の議席の衡平な地理的配分確保の原則に従って選出される18か国。ただし、そのなかには（国連において慣行上使われる）5つの地域グループのそれぞれから最小限1か国が含まれること。

実施協定は理事会の意思決定についても、総会と同じくコンセンサス・ルールを原則として適用するが、やむを得ず票決が必要な場合には、主要利益グループの重要な利益を保護するために、いわゆるチェンバー投票制度を導入した。すなわち、上記①、②、③の各グループおよび④と⑤に属する途上国のグループは、投票に際してそれぞれチェンバーを構成し、実質問題の議決に際しては、全体の3分の2の多数に加え、4つのどのチェンバーにおいてもその過半数が反対しないことを条件とした（実施協定附属書3節(5)）。この方式によれば、たとえ理事会の大多数が賛成しても、たとえば①のグループの3か国が反対すれば、議決はされないことになる。こうして①のグループの多数の利益は守られることが保障されるが、他方これは一種の集団的拒否権に相当するとの批判もある。

(3)　事業体

国際海底機構の経費は主として各加盟国に割り当てられる分担金からまかなわれるため、深海底開発が遠い将来となったことにかんがみ、その活動と経費を必要最小限にすることが合意された。そのため、専属スタッフを抱えた事業体は、商業的開発が始まるまでは名目のみの存在にとどめ、必要な実際上の任務は事務局が代行することとなり、また計画経済委員会は当面は法律・技術委員会がその任務を兼ねることとなった（実施協定附属書2節(1)、1節(4)）。また条約によって事業体に与えられていた多くの特権・特別待遇は廃止され、当初は他の事業主体との合弁事業のみが認められることが規定された。

(4)　財政委員会

実施協定は、新たに、財政問題に関して総会・理事会に勧告する任務を持った15人の専門家からなる財政委員会を設置し、実質問題に関する決定はコンセンサス方式によることとした（実施協定附属書9節）。総会および理事会は、とくに機構の財政規則・手続、締約国の分担金、運営予算等に関して財政委員会の勧告を考慮しなければならない。また、将来深海底活動から得られる利益の配分に関する規則・手続等に関する総会および理事会の決定についても同様である（実施協定附属書9節(7)）。

(5)　生産制限方式

深海底の鉱物資源開発は、いったん商業的生産が開始されれば、その膨大な賦存量のため、同種鉱物の陸上生産国（とくに国の経済をこれら資源の一部に大きく依存するザンビアやコンゴ共和国などいくつかの途上国）に与える深刻な悪影響が懸念され、当初の25年間は、その年間総生産量を、過去15年間のデータに基づくニッケル消費増加率の60％に制限する生産制限方式が条約に規定された（151条(4)）。しかしこの方式は、その後のニッケル等の消費の急激な下落により現実性を失し、関連鉱物産業全体についての満足な方式とはいえなくなり、実施協定において、生産制限についての詳細な規則は不要であることが確認された。その結果、生産制限に関するおもな条項は適用されないこととなり、代わって健全な商業的規則に従って、GATTおよび関連規則が適用されることとなった（実施協定附属書6節(1)、(2)）。

(6)　技術移転

海洋法条約は事業体が効率的に操業できるように、必要な技術が一般の公開市場で入手できない場合には、深海底活動を認められた事業主体（契約者）に対して深海底開発関係の技術を事業体に提供する義務を負わせている。この技術移転義務は契約の最初の10年間に限られ、その技術の購入につき公正にしてかつ妥当な支払いを規定している。同様の義務は国際海底機構のために留保された鉱区において操業する途上国の事業主体についても適用されるとしていた（条約附属書Ⅲ、5条）。この強制的技術移転制度は、当初から、自由主義経済の原則に反するとか、知的財産権上の問題が生じかねない等の理由で、先進国諸国が問題にしていた。実施協定においては、事業体等は、特定技術が必要な場合、まず公開の市場における公正かつ妥当な商業的条件を通じて、または一般事業主体との合弁事業の取決めを通じて入手するものとし、それでも入手し得ない場合には、海底機構が契約者およびその保証国に対してこの点の協力を要請できるものとし、保証国は海底機構と十分かつ効果的に協力することおよび契約者が機構と十分に協力することを確保することを約束すると規定された。

第3節　深海底開発活動

1　深海底資源開発活動とは

実際の海底資源開発活動は、大まかに3段階に分けられる。最初の概要調査(prospecting)は、一般に広く海底の一部を資源の可能性について概略調査することで、締約国は原則としてこれを自由に行うことができ、他方その排他的権利は存在しない。ただし国際海底機構への通報を要し、環境の保護と途上国要員の研修協力計画に関する条約の規定を遵守することを約する必要がある（条約附属書Ⅲ、2条）。第2段階の探査（exploration）とそれに次ぐ開発（exploitation）は、海底機構にその権限を申請し、許可されたもののみが実行し得る。申請者は、条約締約国の国籍を持つ主体で、かつ同国またはその国民に有効に管理されていることを要する。探査・開発の申請はこれらの締約国がスポンサーとなることを要し、さまざまな要件を満たし、所定の義務を履行しなければならない（条約153条、附属書Ⅲ、3および4条、実施協定附属書1節⑿等）。

2　パラレル方式とバンキング方式

探査・開発は、上記のような国家等開発主体以外に、海底機構の事業体も自ら有利な条件で行うことが予定され、このように2種類に分けた並列的開発方式がパラレル方式と呼ばれるものである。一般の開発主体は、まず探査事業計画を海底機構に提出することによって、申請を行う（そして承認された事業計画は機構との契約の形をとる）。その際、商業的価値が同等と見積もられる2つの同一サイズ（開発活動を可能とする大きさで、隣接している必要はない）の鉱区を資源等に関するデータとともに機構に提出する。機構はその一方を自らのために留保し、他方について業務計画を承認して契約を発給する。この留保方式が一般にバンキング方式と呼ばれるものである。機構のために留保された鉱区は、のちに事業体が独自にまたは途上国が加わって事業を行うことが予定される。

3　先行投資者の保護制度

最初の深海底活動の資格は海洋法会議の決議Ⅱによって、いわゆる「先行投資者（pioneer investor）」として指定されていたつぎの３つのカテゴリーに分けられた事業主体に対して与えられることとなっていた。

① フランス、インド、日本および旧ソ連、またはこれらの各国の国営企業またはこれらの各国の国籍を有する自然人もしくは法人、またはこれらの各国もしくはその国民によって有効に管理される自然人もしくは法人。ただし当該国が条約に署名しており、国または事業主体が1983年１月１日までに、深海底活動のために3000万米ドル相当額以上を（そのうち少なくとも１割は特定鉱区候補地区に）支出していること。

② ベルギー、カナダ、旧西ドイツ、イタリア、日本、オランダ、イギリスおよびアメリカのいずれかの国籍を持つ自然人または法人、またはいずれかの国もしくは国民によって有効に管理されている自然人もしくは法人が構成者である４つの主体。ただし当該国が条約に署名しており、国または事業主体が1983年１月１日までに、①と同じ額を同様目的のために支出しており、かつこれを証明するいずれかの国が条約に署名していること。

③ 条約に署名した途上国、またはその国営企業またはその国籍を有する自然人もしくは法人、または国もしくはその国民によって有効に管理されている自然人もしくは法人、またはこれらのグループで、1985年１月１日までに上記の額を同目的のために支出したもの。

以上の３つのカテゴリーのうち、最初の２つに属する有資格主体は、海洋法会議決議Ⅱ採択時には具体的に特定されていた。まず、第１カテゴリーについては、フランスに関しては当初４つの公・私企業がかかわっていたが、のちに公社としてのフランス海洋開発研究所（IFREMER）が４団体を代表するに至った。その他は、インド政府（海洋開発省）、日本の半官半民資本の深海底資源開発株式会社（DORD）、旧ソ連（現ロシア）の国営企業体であるユズモールジオロジア（Yuzhmorgeologia）であり、準備委員会は、のちにこれらを先行投資者として、それぞれ正式に登録した。

第２のカテゴリーの「４つの主体」とは、当初ケネコット・グループ、オーシャン・マネージメント社（OMI）、オーシャン・マイニング・アソシエイツ

(OMA) およびオーシャン・マイニング社 (OMCO) であり、いずれも上述の西側諸国のいくつかの企業のコンソーシアムである。なお、これらの事業主体はいずれも、金属市況の悪化、一部諸国の条約未署名等の事情により、事実上活動を停止しているか、または解散ないし再編成されている。

第3カテゴリーについては、指定期日までに条件を満たしたものはなかったが、準備委員会はのちにこの規定を事実上修正し、申請期限を条約発効まで延期する決定を行った。同決定はさらに、もう1つの新たなカテゴリー、すなわち東欧社会主義諸国またはその国営企業の1つに先行投資者として条約発効までに登録する可能性も追加した。こうして、中国 (海洋鉱物資源調査開発協会〈COMRA〉)、韓国政府、および旧東欧社会主義諸国の国営企業のコンソーシアムであるインターオセアンメタル (INTEROCEANMETAL) 共同機構 (IOI) (本部ポーランド) が登録された。

4　その他の開発主体

上記の7つの先行投資者の登録については、その後設立された国際海底機構が、正式に条約の下での拘束力ある形の探査契約に切り替え、それらの探査事業計画を承認した。その後海底機構は、それら以外の探査契約申請を受け付け、新たなマンガン団塊探査契約をドイツ連邦地球科学・天然資源研究所、ならびにナウル、トンガ、キリバス、英国、ベルギーの企業等と結んだ。さらに近年には、レアメタル、レアアース類等に対する関心の高まりを受けて、深海底開発活動はマンガン団塊以外に熱水鉱床およびコバルトクラストの探査活動にまで拡大されてきた。前者については、すでにCOMRA、ロシア政府、韓国政府およびIFREMERが、また後者についてはわが国の石油天然ガス・金属鉱物資源機構 (JOGMEC) とCOMRAが海底機構との探査契約に署名している。

上記契約主体の活動対象の鉱区は、マンガン団塊については、インド洋にあるインド鉱区以外はすべて、太平洋のハワイとメキシコの中間あたりにあるクラリオン・クリッパートン断層帯と呼ばれる、比較的平坦にしてマンガン団塊が集中的に賦存している深海底にあり、各事業主体と海底機構のための鉱区がモザイク状に設定されている。

深海底制度は、当初マンガン団塊の開発を前提に策定されたが、のちに世界中の海底で熱水鉱床、コバルトリッチクラストなどの新しい資源が発見され、国際海底機構は、それらの概要調査・探査にかかわる規則を採択し、それらの資源の探査を想定した契約を結んだ。その後は次の段階である開発に関する規則案をそれぞれの資源に関して作成中である。

第4節　紛争解決手続

第12章において見るように、国際海洋法裁判所は、条約の解釈と適用に関する通常の紛争に関する大法廷に加え、11人の判事から構成される海底紛争裁判部を設けており、海洋法条約およびその関連附属書の規定の解釈・適用に関する締約国間の紛争、締約国と機構との間の各種の紛争等に関して管轄権を持つ。これらの紛争には、国家のほか、国際機関、事業体、個人（自然人または法人）の契約者なども当事者となることができ、さらに、適用法も、条約のみならず、機構の採択する規則や事業体との契約までもが含まれるきわめて異例な国際裁判手続が適用される点が注目される。また、同裁判部は、機構の総会または理事会の活動範囲内で生ずる法律問題について各機関の要請があれば、勧告的意見を与えなければならない（186～191条、附属書Ⅵ、35～40条）。実際、同裁判部は2011年、事業体が深海底鉱物資源の探査契約を海底機構と締結する際に保証した国家の責任・義務について、理事会が要請した勧告的意見を出している（第12章第2節**2**⑷参照）。

第5節　環境・生物多様性の保護と遺伝資源利用問題

深海底は海流の動きもほとんどない暗黒の世界であり、その大部分がいまだ人類にとって未知の領域である。しかし、近年の発見によれば、深海底の一部、ことに海山、海溝、熱水鉱床ないし噴出口や鯨の死骸などは、高度に固有性を持った多くの生物種で構成されるきわめて脆弱な生態系を形成している。たとえば、2007年までに、水深6000m 以上の海溝において700種ほどの生物が記録されているがその95％が、また熱水噴出口において特定された約500種の生物の約90％が同一の海溝、噴出口のみに固有の種だとされる。これらの特異な生物とその遺伝子は、生態系および人類のために、計り知れない利益をもたらす可能性を秘めている。

国際海底機構は、深海底鉱物資源についての概要調査・探査に関する規則を制定したが、海洋環境の保護・保全に関しては一般的な規定しか設けておらず、詳細はさらなる規則・手続によって補足するとしている。なお、マンガン団塊に関しては法律・技術委員会は2001年にその探査に起因する潜在的環境影響の評価に関する「契約者のガイダンスのための勧告」(環境ガイドライン) を策定している。

深海底の生物多様性やその海洋遺伝資源の利用については、2004年ころから国連を中心に議論され、2023年に国家管轄権外区域の生物多様性の保全及び持続的利用に関する協定 (BBNJ協定) が採択された (詳しくは、第11章第4節**4**を参照)。そして、2022年には深海魚の保護に関するワークショップを開催し、国際海底機構と協力して深海底区域における生態系保護の活動を実施している。また、国際海底機構は、これらの動きを受けて戦略的プランとして海洋環境保護のための枠組みと規則を策定するとともに、2022年から深海底の保護区ごとに高度活動計画を実施している。

第6節　深海底制度の現状

1　探査・開発、技術開発

海洋法条約が採択された時から、深海底の法制度は2つに分裂した。国連海洋法条約と先進国の協調国体制である。

協調国体制は、条約採択に反対した米国と棄権した西欧先進国および日本の間で協定を結んで鉱区の重複を避けるというものであった。その根拠は、「海洋法条約は加盟国のみを拘束し、それ以外の国には公海自由の原則が適用される。公海自由の下ではいずれの国も自由に開発活動を行うことができるが、鉱区の競合などの衝突を避けるために協調する」というものであった。1980年代これらの国は鉱区を決めて重複する部分を調整した。しかし、海洋法条約が発効して多くの国が加盟するにつれ西欧諸国も海洋法条約を批准した。現在では先進国では米国だけが批准を拒否している。協調国体制は外見上なくなったが、米国と他の先進国の企業間でなんらかの調整が行われている可能性がある。

海洋法条約下では、国際海底機構が加盟国からの鉱区申請を受け付け、各種の契約が結ばれている。鉱物資源の開発活動は、大まかに３段階に分けられる。①概査（prospecting）　海底から鉱物をサンプリングして資源賦存の可能性を探る。加盟国は自由に実施することができるが、海底機構に報告しなければならない。②探査（exploration）　一定の広さの鉱区を設定して海底機構に申請し機構と契約を結ぶ。商業開発に進むことを前提として本格的な資源賦存調査を行う。契約者は鉱区の探査について排他的な優先権を得る。③開発（exploitation）探査鉱区のうち有望な区画において商業開発を行う。海底機構と契約を結び、排他的に採鉱・運搬・加工・販売を行うことができる。現在は、世界で商業開発の段階に入った活動体は存在しない。

海底機構は、現在までに21の主体との間で30の探査契約（有効期限15年）を結んでいる。そのうち、16の契約は太平洋南東部のクラリオン＝クリッパートン断裂帯という所でマンガン団塊の探査を目的とした契約である（１鉱区７万5000km^2）。日本とドイツ、フランス、イギリスなどの西欧諸国、ロシア、韓国のほか、ジャマイカ、クック諸島、トンガなどの途上国も含まれる。中国はここで２つ契約を結んでいる。その他、北西太平洋では、コバルトリッチクラストを対象とした契約（3000km^2＝１区画20km^2×150区画）、インド洋、大西洋では熱水鉱床等を目的とする契約（１万km^2＝100km^2×100区画）が結ばれている。

海底機構は、毎年理事会、委員会、総会を開き、海底活動に適用される規則（マイニングコード）を決めている。機構自体は実際に開発活動をすることができないので、もっぱら規則を策定し、環境保護活動報告書の検討などを行っている（いわば規則の量産のような現象が起こっている）。

2　アメリカの海洋法条約加入問題

アメリカは海洋法会議以前から海洋秩序の策定に熱心であったが、1981年に発足したレーガン政権は、アメリカの国益を重視して国際機関や条約の見直し政策を開始した。同政権は、条約草案の深海底制度部分について問題点を指摘し、再交渉を要請した。第XI部の諸規定は、自由市場主義の原理に反しているというものであった。

しかしながら米国が問題視していた諸規定は、第XI部実施協定を通じてすべて解決されており、レーガン政権後の米国大統領は海洋法条約加入を支持している。しかし、議会上院を中心に海洋法条約加入に反対する意見も根強く残っている。多くの条約規定は慣習法として適用可能であることもあって、条約批准を促進する要素が少ない中で現在に至っている。

3　日本の開発体制

海洋法条約が採択された1982年ころ、日本には深海底鉱物資源の開発を目指す2つの大きな流れがあった。1つは、海外の開発コンソーシアムへの参加で、三菱グループが米国ケネコットグループに、住友グループがカナダ・ドイツ・アメリカのインコグループに参加していた（伊藤忠商事・ニチメングループがUSスチールグループに参加していたが脱退した）。ほかに、ロッキードグループという米国企業中心のコンソーシアムがあった。いずれも技術開発や採鉱実験を行っていたが、1980年代後半コンソーシアムの存在自体が分からなくなった。

もう1つの流れは、日本独自の企業グループで三井、三菱、住友、新日鉄を中心とする社団法人深海底鉱物資源開発協会（DOMA）である。これは、通産省の指導下で研究開発を実施し、政府の予算で調査船（白嶺丸、第二白嶺丸）を使ってクラリオン＝クリッパートン断裂帯でサンプル調査を行っていた。DOMAは、1980年代に採鉱技術の大型プロジェクトを実施するナショナルプロジェクトとして深海資源開発株式会社（DORD）に移行した。

今日では、このDORDが日本政府の保証の下で海底機構と契約を結び、上記の断裂帯で探査を行っている。また、日本周辺の資源開発に携わっている独立行政法人・エネルギー・金属鉱物資源機構（JOGMEC）が小笠原諸島沖の海底で熱水鉱床、コバルトリッチクラストを対象とする探査契約を結んだ。日本政府はこれらの動きに合わせて企業の参加を容易にする鉱業法改正を行った。

このような動きのなかで、とくに運搬・製錬を含む商業レベルの開発に向けての体制づくり（民間企業の参入と技術開発）が課題となっている。

第9章　漁業資源の保存と管理

長い間、海の魚類は無尽蔵であり、誰もが自由にとっても再生産が可能であると考えられていた。しかし、ことに北海等の沿岸国の魚業が増大するにつれ、無規制の漁業はいずれ資源の減少につながることが次第に認識された。第1章において触れたように、漁業が盛んな沿岸国は、自国沿岸海域での漁業を規制し始め、ことに他国の漁船によるアクセスを禁ずる措置をとり始めた。こうした沿岸国の漁業管轄権は、その後、海洋が狭い領海とその外の公海に分けられるに従い、次第に沿岸国の排他的漁業管轄権も領海のみに限定され、公海での漁業はいずれの国の漁船にも開放されているという、公海漁業の自由が確立していった。公海では魚類は無主物（res nullius）ないしは共有物（res communis）と考えられ、捕獲したものの所有権に属するとされた。それゆえ、有望な漁場においては漁船が集中し、各漁船は漁船の規模、漁具の改善、漁業期間の延長などその漁獲努力を最大限にする傾向があり、経済学者のいわゆる「共有地（commons）の悲劇」の原理に従い、場合によっては漁業資源が枯渇する現象につながった。こうして19世紀末ころから、同一漁場または魚種を求める国家間で資源の保存管理に協力する必要性が認識され始めた。

漁業資源の保存管理措置は、当然ながら沿岸国の領海および内水においても必要であるが、これは、一般的には当該国の国内政策の問題であり、各国の事情と政策には大きな差がある。ただし、漁業に対する沿岸国の主権的権利が排他的水域にまで拡大した今日、それは公海と同様の海洋の一部であり、漁業資源が人類の重要な食糧資源であることから、国際法においてもその保存管理の必要性を認めている点は、第2節において見る通りである。

以下、第1節において、国連海洋法条約採択に至るまでの漁業関連規制の流れに簡単に触れ、第2節において現行の関連国際法制度を俯瞰し、第3節において、現行法規制の実施にかかわる若干の問題を検討する。

第1節　国連海洋法条約以前の漁業規制

1　第2次世界大戦まで

漁船が蒸気機関を利用し、次第に大型化し始めた19世紀後半、とくに欧州諸国の間で2国間の漁業協定や、多数国間の北海漁業条約（1882年）が締結されたが、これらの主たる規定は、各国の漁業管轄の境界を定めるものであった。公海において漁業関係国が資源の保存管理措置を定める重要な先例となったのは、アメリカ・イギリス間の仲裁で1893年に裁決されたベーリング海オットセイ漁業事件である。ロシアからアラスカを買収したアメリカは、その一部で、オットセイの生息中心地であり、乱獲が進んでいたプリビロフ諸島のオットセイの保存のため公海を含めた沖合捕獲を禁止する措置をとり、これに反して操業した英船籍のカナダ漁船を公海上で拿捕し、処罰した。事件は仲裁に付され、仲裁裁判所は、アメリカは同諸島の周囲3カイリ以遠のオットセイについては、たとえ同島を生息地とするものであってもいかなる保護権も所有権も有しないとした。しかしながら、他方、両国は1892年に同島のオットセイ保存に関する協定を締結し、同諸島周辺60カイリ内のオットセイ猟の全面禁止と共同取締制度を定め、公海における関係国間の保存措置の設定の可能性を示したのである。

その後、日本とカナダも加わった北太平洋オットセイ保護条約、大西洋漁業に関するバルト諸国協定や、オヒョウ、鯨類等に関して関係国間の条約等が締結されたが、こうした公海漁業の規制が一般化するのは、第2次世界大戦後である。

2　1958年ジュネーブ海洋法諸条約

公海条約は、公海の自由の原則として漁獲の自由を明記し（2条(2)）、これは慣習法の一部を構成すると見られる。他方、同時に採択された公海生物資源保存条約は、沿岸国がその領海に隣接する公海の一部に特別の利害関係を持つことを認め、資源保存のための一方的措置をとることも認めていた（6条）。

公海生物資源保存条約は、締約国は限られており、しかもわが国などのおもな遠洋漁業国を含んではいないが、他の多くの沿岸国は、その規定を領海外への漁業管轄権の拡大政策に利用し、自国の権益の拡大を図った。この傾向は、とくに第２次国連海洋法会議において、６カイリの領海とその外側の６カイリの漁業水域を組み合わせる妥協案が１票差で採択に至らなかったのち急速に広がり、12カイリまでの漁業専管水域を国内法で制定する国が増大した。そして国際司法裁判所は、1974年アイスランド漁業事件判決において、12カイリ漁業水域が慣習法になったと結論した。

3　排他的経済水域の出現

しかしながら、12カイリの漁業水域が一般化しつつあったころ、すでに1970年代初頭になると、中南米諸国、次いでアジア・アフリカ諸国が200カイリまでの、漁業管轄権を包含する、より幅広い排他的経済水域を主張し始め、国内法に一方的に取り入れる国も出てきた。こうして、第３次国連海洋法会議の中心的課題の１つが、それまでの漁業を含む海洋に対する国家管轄権の配分に革命的変化をもたらす排他的経済水域の導入問題となり、多くの国がさまざまな提案を行った。他方、会議の終結以前に、すでに多数の沿岸国が200カイリまでの排他的管轄水域を国内法に導入し、アメリカ、旧ソ連、わが国等も1977年までに排他的経済（ないし漁業専管）水域を設定した。

こうして、少なくとも漁業に関する限り、沿岸国の200カイリまでの排他的管轄権は、海洋法条約の採択を待たず一般化したといえる。わが国も国連海洋法条約批准と同時に「排他的経済水域における漁業に関する主権的権利の行使等に関する法律」と「海洋生物資源の保存及び管理に関する法律」を制定し条約に対応している。

第２節　国連海洋法条約の諸規定

海洋法条約は、ジュネーブ４条約に比して、はるかに詳細な規定を漁業に関して設けた。それらは大きく分けて、海域別アプローチと魚種別アプローチに分けられる。

1　海域別アプローチ

まず海域別アプローチに基づく規定は、内水、領海、群島水域、排他的経済水域および公海に分けられる。

(1)　内水、領海および群島水域

内水・領海および群島水域には主権が及び、国土の一部として扱われるため、漁業についても当該国の自由な管理に従う。すでに見たように、領海においては他国船舶の無害通航を容認する義務が沿岸国にあるが、漁業活動は沿岸国の秩序等を害するものと見なされ、漁業を伴う船舶の通航は無害通航とはならない（19条(2)(i)）。例外的に他国の漁民の領海への入漁が認められることもあるが、これは、沿岸国の裁量に基づく合意次第である。ただし、海洋法条約で新たに認められるに至った群島水域に関しては、他の国との間にすでに存在する漁業関係の協定を尊重しなければならず、また、同水域内の一定の場所において隣接する国の伝統的な漁獲の権利等が存在する場合には、２国間協定を通じてこれを認めなければならない（51条(1)）。この条項は、とくにインドネシアの群島水域内に存在するマレーシア漁民等の漁業を念頭に置いていたといわれる。

(2)　排他的経済水域

排他的経済水域においては、まず、沿岸国は上部水域、海底およびその下のすべての天然資源の探査、開発および管理のための主権的権利を有する（56条(1)(a)）。ただし、こうした広範な権利の行使は、とくに生物資源の保存と利用に関連するいくつかの義務に従う必要がある。まず、沿岸国は自国の入手できる最良の科学的証拠を考慮して、保存管理措置を通じて資源の維持が過度な開発によって脅かされないよう確保しなければならない。その際、適当な場合には他の沿岸国や国際機関と協力する必要がある（61条(2)）。こうした保存管理措置の目標はいわゆる最大持続生産量（maximum sustainable yield, MSY）の実現が可能な資源量の維持・回復であるが、その際、環境上および経済上の関連要因を勘案し、かつ漁獲の態様、各種資源間の相互依存関係および国際的に一般的に勧告された最低限度の基準を考慮しなければならない（同条(3)）。こうして、沿岸国は、自国の排他的経済水域における資源の最適利用の目的を促進するものとする（62条(1)）。他方、各沿岸国は排他的経済水域における自国の漁獲可能量（total allowable catch, TAC）と、自国の漁獲能力を決定することが求められ、

沿岸国がTACのすべてを漁獲する能力を有しない場合には、余剰分の他国による漁獲を認めなければならない（61条(1)、62条(2)）。ただし、現実には、余剰分に関係なく、多くの国が２国間協定を通じて、排他的経済水域における他国民による特定の漁業を認めている。また、同一の資源または関連する種の資源が２か国以上の排他的経済水域にまたがって存在する場合には、関係国は当該資源の保存・開発を調整し、確保するために合意するよう努めなければならない（63条(1)）。

排他的経済水域において漁獲を行う他国民は、沿岸国の法令や保存措置等の条件を遵守すべきことはいうまでもない（62条(4)）。沿岸国はその法令の遵守を確保するために乗船、検査、拿捕、司法手続など、必要な措置をとることができる。ただし、沿岸国が課す罰には、関係国の別段の合意がない限り拘禁を含めてはならず、またその他いかなる形態の身体刑も含めてはならない。また、拿捕された船舶およびその乗組員は、合理的な保釈金の支払または合理的な他の保証の提供ののちに速やかに釈放されなければならない（73条）。なお、本条に違反して船舶・乗組員を早期に釈放しないと主張する場合、釈放の問題については、紛争当事者が合意する裁判所に付託することができ、また当事者が抑留時点から10日以内に合意しない場合には、同抑留国が受け入れている裁判所または国際海洋法裁判所に一方的に付託できる制度がある（292条）。この点に関しての詳細は第12章に譲る。ただし、船舶・乗組員の早期釈放問題以外の、排他的経済水域内での資源の保存管理にかかわる紛争は、海洋法条約の規定する義務的紛争解決手続から除外されている（297条(3)）。

なお、各国の漁獲量および漁獲努力量に関する統計や魚類の保存関連のデータ、科学的情報等は、漁業管理の基本的材料となるもので、各国は国連食糧農業機関（FAO）等の国際機関や関係地域的機関に定期的に提供することが求められる（61条(5)）。

(3)　公海

公海に関しては、公海漁業の自由原則に従って、すべての国は、自国民が漁獲を行う権利を有するが、それにはいくつかの条件が課せられている。まず、自国の締結する条約上の義務に従うのは当然である。次いで、とくに排他的経済水域の漁業資源が公海部分にも関連している魚類や哺乳動物に関する沿岸国の権利、義務および利益に従うことを要する（これらの資源に関しては、魚種別アプローチに関連して後述する）。そして、公海資源の保存管理に関する本条約の規定、すなわち117〜120条、に従う必要がある（116条）。

まず117条は公海の生物資源の保存に関しても、各国が自国民に関して必要な措置をとる義務およびそのために他国と協力する義務を規定する。118条は資源の保存管理に関する協力義務を一般的に規定し、とくに、同種の資源を開発しまたは同一水域において異なる種類の資源を開発する諸国には、これらの資源の保存のための必要な措置をとる目的で交渉する義務を課しており、適当な場合には地域的漁業機関の設立のために協力しなければならない、とする。

また資源の保存原則に関しては、119条は、公海においても上述の排他的経済水域におけると同様に、各国に対してTAC等の決定を求め、その際、入手可能な最良の科学的証拠に基づき、環境上・経済上の関連要因を勘案し、かつ、漁獲の態様、資源間の相互依存関係および一般的に勧告された国際的な最低限度の基準を考慮して、MSYを実現できる水準に漁獲対象資源量を維持・回復することのできる措置をとることとされる。また、漁獲対象種に関連・依存する種に関しても、その資源量を、その再生産が著しく脅威にさらされる可能性のある水準よりも高く維持・回復するために、当該関連・依存種に及ぼす影響を考慮しなければならない。さらに、科学的情報その他のデータを国際機関等を通じて、すべての関係国間で提供・交換すること等を求めている。

なお上述の地域的漁業機関は、海洋法条約採択以前から存在するものも含めて、世界の主要漁場海域について設立されている。おもなものには、南極海に関する南極海生物資源保存委員会（CCAMLR）、大西洋の北西および東部をそれぞれカバーする北西大西洋漁業委員会（NAFO）および北東大西洋漁業委員会（NEAFC）、アフリカ西海岸のアンゴラ・ナミビア沖公海海域を対象とする南東大西洋漁業委員会（SEAFO）、地中海・黒海に関する地中海一般漁業委員会（GFCM）などがある。これらに加え、2009年に南太平洋海域を対象とする南太平洋漁業機関（SPRFMO）、また2012年には北太平洋公海漁業資源を対象とする北太平洋漁業委員会（NPFC）を設立するための各条約が採択された。なお、後述するように、マグロ類や鯨類に関しては別の諸機関が管理しているため、以上の諸機関は原則としてこれらを規制の対象から除外している点、注意すべきである。

2　魚種別アプローチ

魚種別アプローチが必要とされるのは、哺乳類も含むある種の漁業資源は、これら生物の生息全期間を通じての分布海域が１つの海域に限らず、たとえば排他的経済水域と公海にまたがって分布するもの（ストラドリング魚種）や、沿岸から公海に至るまで広い海域を回遊するもの、その生活の一部を特定の沿岸国の水域に依存するものなどがあり、それらの保存・管理については、一国の措置では十分ではなく、すべての関係諸国の協力が必須であるからである。海洋法条約が規定を設けるこれらの資源には、ストラドリング魚類資源、高度回遊性魚種、海産哺乳動物、溯河性資源、降河性の魚種、および定着性の種族がある。なお、これらに加え、隣接する排他的経済水域の相互にまたがる資源についても簡単な規定がある。

(1)　隣接排他的経済水域相互間にまたがる資源

まず、隣接する排他的経済水域相互間にまたがる資源に関しては、特定の魚種とは限らず、隣接国の境界線の位置いかんでさまざまなものが対象となり、たとえば、日韓、日ロ間のように関係国にとって重要な商業魚種も含まれており、国際的規制ないし調整なしには、一方または双方国による乱獲の危険性が高いものが多く存する。海洋法条約は、これらの魚種またはそれらに関連する資源が存在する場合には、直接にまたは地域的機関を通じて、当該資源の保存・開発の調整のために必要な措置について「合意するよう努める」義務を課している（63条(1)）。

(2)　ストラドリング魚種および高度回遊性魚種

次いで、タラ、カレイのようなストラドリング魚類については、当該沿岸国および同国の排他的経済水域に接続する公海において漁獲する国は、直接または地域的漁業機関を通じて、公海上での当該資源の保存措置について「合意するよう努め」なければならない（同条(2)）。つぎに高度回遊性魚種とは、マグロ類、カツオ、カジキ、サンマ、サメ類など、条約附属書Ｉに掲載された生物種であり、これらを漁獲する国は、排他的経済水域の内外を問わず、これらの種の回遊する海域全体においてその保存の確保と最適利用の目的促進のために、直接または適当な国際機関を通じて協力するものとし、また適当な機関が存在しない地域においては、関係国はそのような機関の設立のために協力しなければならない（64条）。実際、そのような地域的（国際）機関は海洋法条約成立以前からも若干存在していた。

なお、ストラドリング魚類と高度回遊性魚種については、海洋法条約は以上のようなごく一般的な規定を設けているのみである。そのため、地域的漁業機関の充実を含む、これら魚類資源の保存管理の強化と関係国の権利義務のさらなる明確化と補足を目的に、1995年、国連公海漁業実施協定が採択され、今日ではわが国を含む多くの漁業国と沿岸国に受け入れられている。また同協定が強調していることもあり、近年地域的漁業機関が増加され、強化されつつある。なかでも、重要な商業漁獲種であるマグロ類に関しては、世界のほぼ全体にわたって、現在５つの地域的機関が保存管理にあたっている。そのうち、最も古くから存在するのが北米・中南米の西海岸を対象とする全米熱帯まぐろ類委員会（IATTC）（1949年条約）であり、2003年にIATTC強化条約によって大幅に改定された。そのほか、大西洋全域・地中海を対象とする大西洋まぐろ類保存国際委員会（ICCAT）（1966年条約）、インド洋、オーストラリアおよび南アフリカ南部を中心に回遊するミナミマグロを対象とするみなみまぐろ保存委員会（CCSBT）（1993年みなみまぐろ条約）、北太平洋も含めた中部および西部太平洋を広く対象とした中西部太平洋まぐろ類委員会（WCPFC）（2000年条約）、およびインド洋まぐろ類委員会（IOTC）（1996年条約）があり、わが国はすべてに加盟している。

1999年に附属書Ⅶ仲裁裁判所に付託されたミナミマグロ事件において、原告（オーストラリアとNZ）は、日本が海洋法条約64条・116～119条の定める協力義務に違反したことを主張した。裁判所は、上記1993年みなみまぐろ保存条約の定める紛争解決手続が尽くされていないとして管轄権なしと判断し、原告の主張について判断を行わなかった。

マグロ類以外のストラドリング魚種としては、中央ベーリング公海のスケトウダラ資源の保存管理を目的とした条約がある。

(3) 海産哺乳動物

つぎに、海産哺乳動物の開発については、海洋法条約は、排他的経済水域および公海の双方について、沿岸国または国際機関が条約のいかなる規定よりも厳しい禁止・規制することを容認し、いずれの国もその保存のために協力するものとし、とくに、鯨類については、その保存管理・研究のために適当な国際機関を通じて活動するよう求めている（65、120条）。ここにいう国際機関とは、1948年に発効した国際捕鯨取締条約によって設立された国際捕鯨委員会（IWC）を指すことは明白である。ただし、北大西洋の一部のミンククジラ等を対象として、アイスランド、ノルウェー、デンマーク（フェロー諸島およびグリーンランド）は、1992年、北大西洋海産哺乳動物委員会（NAMMCO）を設立し、同海域における保存管理を独自に行っている。

IWCについては、国際捕鯨取締条約の前文において、その目的として、鯨類の保存と商業捕鯨の秩序ある発展を可能にすることが謳われている。その規制措置はIWCが4分の3の多数で採択するが、採択の事務局による通報の90日後までに異議を申し立てる国は、当該規制の適用から除外される（同条約5条）。鯨類の一部は第2次世界大戦までの乱獲で、極端に固体数が減少し、IWCは種々の規制措置をとったが、効果が見られなかった。そこで、1972年のストックホルム人間環境会議は商業捕鯨のモラトリアムを勧告し、その影響を受けて、IWC内にもモラトリアム推進派が増大し、かつモラトリアム賛成諸国が新たに加入し、1982年には、1985～86年以降の商業捕鯨を中止すること、およびこの措置を科学委員会の鯨類資源の再評価に基づいて遅くとも1990年までに包括的に再評価をすることを決議した（日本、ノルウェー、旧ソ連およびペルーは条約の正式手続に従ってこれに異議を申し立てたが、日本とペルーはのちに異議を撤回し、旧ソ連は捕鯨から撤退した）。他方、同条約によれば、締約国は「同政府が適当と認める数の制限及び他の条件に従って」、「科学的研究」のための捕鯨を行うことができ（同8条）、わが国は、同規定に基づいて調査捕鯨を1987～88年以来実行している。

一方IWCは、1990年以降も上記の再評価は行わず、今日に至っている。IWCは、そのような評価の前提となるべき安全な捕鯨限度を設定するための新しい基準（すなわち「改訂管理計画（RMP）」）を、1994年に科学委員会の作業に基づき採択した。しかし、IWCは、その後RMP実施のためにはさらにデータの最低基準、調査の実施と評価のためのガイドライン、国内的・国際的監視体制などについての合意を含む包括的な「改訂管理スキーム」全体の採択を要するとして、モラトリアムを再確認している。その後、米クリントン政府は、たとえ科学的に持続可能な開発が証明されたとしても鯨類は野生動物の保護、環境保護等の観点から保護されるべきであり、モラトリアムは解除すべきでないとの立場を表明し、その後の米政権をはじめオーストラリアやニュージランドなども同様の立場を固持し、多数の加盟国がこれに同調している。こうして、わが国等は、ことにミンククジラの十分な回復を理由にモラトリアム解除を提案しているが、現在のIWC構成国のなかでは捕鯨賛成国が、モラトリアムの解除を決議するために必要な4分の3の多数を占めるに至っていない。

【南極捕鯨事件（オーストラリア対日本）】 こうしたなかでオーストラリアは2010年、わが国の行ってきた南極海調査捕鯨（JARPA II）は上記の国際捕鯨取締条約8条等に沿っておらず、国際法義務違反だとして国際司法裁判所に提訴した。そしてこれらの義務として、すべての鯨族について商業目的の捕殺に関して、捕獲枠をゼロとするモラトリアムを尊重すること、南極海保護区域において商業捕鯨を行わないこと、および母船・捕鯨船によってミンククジラ以外の鯨を捕獲し、殺しおよび処理することの停止（モラトリアム）を遵守すること、をあげた。またオーストラリアは、日本の当該調査捕鯨は国際捕鯨取締条約8条の下で許可される科学的調査の目的のためのプログラムではなく、実際には商業捕鯨だと主張した。わが国はこれに対し、JARPA IIは科学的調査を目的として行われており、したがって条約8条1項に規定する例外に該当するため、上記のいずれの義務も適用されないなどと反論した。

裁判所は、2014年に判決を下し、ミンククジラの致死的サンプル捕獲数（毎年850頭）は、科学的目的のためのものとしては合理的でないとし、またサンプル数の決定に透明性が欠けるなどを指摘し、厳密な科学的基準よりもむしろ「資金調達の考慮」がプログラムの計画において大きな役割を果たしたことを示している、とする。こうして裁判所は、JARPA IIとの関連で鯨の捕獲等のために日本が与えた許可は、同条約8条1項に従ったものといえないと結論した。またその他の義務違反の申立てのあった日本の行動についても、裁判所は同条約の関連条項が求める行動に合致していないと判示した。日本はこの判決を受け入れたが、2019年7月に国際捕鯨取締条約から正式に脱退した。また、2015

年に、国際司法裁判所の管轄権に関する選択条項受諾宣言で、海洋生物資源の保存等に関する紛争を裁判所の管轄から除外した。

(4)　溯河性魚種

つぎにサケ、マスのような溯河性魚種は、河川上流で孵化し、河口から海域に移動し、その一生の大部分を海で過ごした後、通常再び同一の河川（母川）に戻って産卵する習性を持つ。それゆえ、溯河性魚種の保存には、同河川の属する国による河川の保全など保護策が必須である。海洋法条約は、まず、原則として公海における溯河性資源の漁獲を禁止し、溯河性資源の発生する母川国が、当該資源について「第一義的利益及び責任を有する」ことを明記した（66条(1)、(2)）。そのため、母川国は自国の排他的経済水域からすべての陸地側の水域における規制措置を設け、成魚の遡上を確保するなど、資源の保存措置をとる必要がある。その際、母川国は、原則として同資源のTACを定めることができるが、伝統的に漁獲を行ってきた他国の実績を考慮して、同他国の経済的混乱を最小限にとどめるために協力しなければならない。また、日本・ロシア間のように、他の国が母川国との合意により溯河性資源の再生産のための措置に参加し、とくにそのための経費を負担する場合には、母川国はその母川の資源の当該協力国による漁獲については特別の考慮を払う必要がある（66条(2)、(3)）。

(5)　降河性魚種

つぎに、ウナギなど深海で産卵・孵化し、沿岸の淡水域で成長し、成魚が再び産卵のため深海まで回遊する降河性の魚種については、同魚種が生活の大部分を過ごす水域の所属する沿岸国が、同魚種の管理について責任を有し、その回遊を可能にするようにしなければならない。そして、同種資源の漁獲は排他的経済水域とその沿岸水域のみにおいて行われるものとする（67条）。

(6)　大陸棚定着性種族

最後に大陸棚の定着性種族に関しては、海洋法条約は、上述したようにジュネーブ大陸棚条約の規定をほぼそのまま踏襲し、その開発に関する沿岸国の主権的権利を確認し、他国は、沿岸国の明示的同意なくしては同資源の探査・開発活動を行うことができないとする（77条）。この点は、大陸棚が排他的経済水域以遠にまで伸びている場合においても、つまりそれが公海の海底であっても、適用されることに注意すべきである。なお、定着性種族に属する具体的生物は明確に確立されておらず、貝類やサンゴ等については問題ないが、エビやカニ、ロブスターなどについては各国の見解に相違があり、漁業国と沿岸国との間で争いが生じたことがある（第6章第2節**3**参照）。

第3節　漁業の国際的規制をめぐる諸問題

漁業に関する国際的規制の問題は、ことに公海の自由の原則が基本にあることから、主権国家たる漁業国と沿岸国、また漁業国相互間にさまざまな問題が発生するが、ここでは主要なものとして旗国の責任と便宜置籍船問題、いわゆるIUU漁業問題、および未規制の漁業を取り上げる。

1　旗国の責任と便宜置籍船問題

第7章でも触れたように、海洋法条約は、自国の船籍を有する船舶に対して行政上、技術上および社会上の事項に関して、有効にその旗国としての管轄権を行使する義務を課しており、とくに漁船に対しては、自国の排他的経済水域および公海において漁業資源の保存管理に関する自国の法令・規則の執行に努め、外国の排他的経済水域においては、同沿岸国の法令遵守を確保しなければならない。2015年の西アフリカ地域漁業委員会事件ITLOS勧告的意見は、沿岸国だけでなく、船舶の旗国も他国のEEZにおいて同様の義務を負うことを確認した。また、2016年の南シナ海事件附属書Ⅶ仲裁裁判所判決は、192条の一般的義務は絶滅危険種の漁獲を防止する相当の注意（due diligence）義務を含むとして、旗国の防止義務を示した。これらの裁判例が示すように、旗国は漁業資源の保護と保存に関し一定の義務を負う。

ところで、一部の船主は、漁船を便宜船籍国に登録し、違法にまたは規制をまぬがれて高級魚種を狙い、国際的漁業秩序を乱している。便宜船籍国には旗国としての国際法上の責任を十分に果たす能力も、また意思もないものや、地域的漁業機関にも参加しないものも多い。また、これら便宜置籍魚船には、国際的取締りをまぬがれるために、自由に船籍や船名を変更する小規模船主が多い。したがって、海洋法上、一般的な資源保存の協力義務はあるとはいえ、とくに漁業の自由が原則である公海においては、これらの一部便宜置籍船が地域的機関の規制措置等の有効性を減殺するような漁獲を行うことがしばしば見られるのである。これらの漁船は、その自由な漁場移動能力、船籍の変更（リフラッギング）ないし虚偽表示、利益の最終的受益者の不透明性等のため、完全に追放することは困難であるが、以下に述べるいわゆるIUU漁業のためにしばしば利用されるこれら漁船については、主としてFAOや地域的機関等を通じて、対策が強化されつつある。

なお、国際海洋法裁判所の裁判において、被告側が、原告が便宜置籍国であることを理由に原告適格を争う事例は、少なくない。しかし、裁判所がその理由で原告適格を否認した事例はない。漁業資源保存にかかわる事件に限っても、カモコ号事件（第５号事件：原告パナマ）、モンテ・コンフルコ号事件（第６号事件：原告セーシェル）、グランド・プリンス号（第８号事件：原告ベリーズ）、ジューノ・トレイダー号事件（第13号事件：原告セントヴィンセント及びグレナディーン諸島）など、便宜置籍国が裁判当事者である事件は多い。後述のIUU漁業の裁判事件で原告が便宜置籍国であるものも少なくない。

2　IUU（違法・無報告・無規制）漁業問題

「IUU漁業」とは、違法（illegal）、無報告（unreported）、無規制（unregulated）の漁業のいずれか、または全体を一般的に指すが、３つの漁業形態についてのFAOの定義を要約すれば、「違法漁業」とは、ある国の管轄圏内の水域において、同国の国内法に違反する操業、ならびにある地域的漁業機関の加盟国および協力国の漁船が、同機関の採択する義務的保存管理措置または関連国際法規則に反して行う漁業をいう。「無報告漁業」とは、国内法または関係地域的漁業機関の手続に反して、国または当該機関に報告されないかまたは虚偽の報告がなされる漁業をいう。また「無規制漁業」とは、ある地域的漁業機関の管轄水域において、無国籍のまたは当該機関の非加盟国の船舶によって、同機関の保存管理措置に合致しないかもしくは反する形で行われる漁業、または保存管理措置のない水域において、もしくは保存管理措置の対象外の漁業資源について、国際法上の国家の資源保存の責任に合致しない形で行われる漁業をいう。

IUU漁業は、ことに地域的漁業機関の保存管理努力を損なうばかりか、地域的機関によるその管理目標の達成を不可能にし、資源の枯渇を避け得なくなることもある。また、資金を投じ、各種の漁獲制限を設け、資源の回復・強化策を講じる等の犠牲を払って資源管理に取り組む諸国にとって、IUU漁業者はまさに「ただ乗り」業者であり、とくにマグロ、マゼランアイナメ（メロ）等の高級魚に関しては、不当に利益を奪取するものと見られ、ひいては、正規の業者に対してもIUU漁業に従事する誘惑をもたらすこともあり得る。

IUU漁業に対しては、グローバルおよび地域的レベルにおいて、さまざまな規制が存在する。グローバルな協定としては、すでに触れた海洋法条約諸規定のほかに国連公海漁業実施協定およびFAO公海漁船遵守協定（コンプライアンス協定）があるが、ことに公海漁業実施協定は、地域的漁業機関に公海漁業規制の中心的役割を与え、地域的機関の加盟国またはその定める保存管理措置に同意する国のみが、同機関の管理する資源を利用する機会を与えられるとする（8条(4)）。また、一般に自国船籍の漁船が公海漁業に従事する国は、同漁船が地域的機関の保存管理措置を遵守すること、および保存管理措置の実効性を損なう活動に従事しないことを確保するものとする（18条(1)）。公海漁業実施協定は、さらに、地域的漁業機関の対象水域において、加盟国は同機関の保存管理措置の遵守を確保するため、同協定の他の締約国の漁船に乗船して検査をすることを認め、その際、同漁船が当該水域を管理する地域的機関の加盟国であるか否かを問わない、とする（21条(1)）。さらに、同協定は、漁船が寄港する寄港国は、その漁獲物が公海における地域的または世界的に適用される保存管理措置の実効性を損なう方法で漁獲されたと認める場合には、その水揚げおよび転載を禁ずることができるとする、寄港国取締制度を漁業分野においてはじめて設けた（23条）。

ただし、以上のような厳しい規制措置も、その適用対象国が公海漁業実施協定の締約国であることが前提であり、IUU漁業に関連する漁船の旗国の多くが消極的であることが問題として残されている。

なお、FAOは2001年に「IUU漁業の防止、抑止及び廃絶のための国際行動計画」を採択し、各国および地域的機関によるその実施を推進している。そして上記公海漁業実施協定やFAO行動計画に従って、ことに2000年以降次第に厳しいIUU対策措置がとられつつある。たとえば、旗国は自国船籍の漁船に対して、また地域的機関は加盟国漁船に対して、リアルタイムに船舶位置および漁獲等の情報を国や地域的機関に常時自動通信させるシステム（vessel monitoring system, VMS）を設置させたり、オブザーバーを乗船させたりして、取締りを強化している。また、ほとんどの主要地域的機関はその加盟国の正規に登録された漁船のリスト（ホワイトリストないしポジティブリスト）を作成し、ウェッブで公開している。なかでも５つのマグロ関係機関は、最近、各機関のリストを統合したポジティブリストを作成し、公開している。これは、IUU漁船が各地の漁場を自由に移動することにかんがみ、取締りの観点から重要な進展といえる。

また、ポジティブリストの拡大に先立ち、いくつかの地域的漁業機関は、IUU漁業に従事した漁船のブラックリスト（ないしネガティブリスト）の作成、公表を行い、これら漁船に対するライセンス発給の禁止、寄港拒否、転載や補給の禁止などの対抗措置をとっている。

寄港国による措置も近年強化されつつあり、漁船の寄港に先立ち、通報を要求したり、特定地域的機関の管轄水域で操業した疑いのある当該機関非加盟国漁船はIUU漁業に従事していたとの推定を行い、港湾への寄港、陸揚げ、転載などを禁止することもある。

また主要な地域的機関および加盟国は、いくつかの貿易・市場関連措置をとり、強化してきている。たとえば、IUU漁業に従事した漁船の旗国からの漁獲物の輸入を禁止したり、輸出入漁獲物に関してその漁場、漁船、その旗国などについて公式認証を受けた漁獲記録証明等の提出を求めたりしている。

さらに近年、とくにIUU漁船による高級魚の洗浄（ローンダリング）等の防止のため、漁獲物を港湾に立ち寄ることなく洋上で転載を行うこともますます規制の対象とされている。さらに2009年、FAOはIUU漁獲物を港湾から締め出すために、新たに、IUU漁業の予防、抑止および撲滅のための寄港国措置に関する協定を採択した。

前述の西アフリカ地域漁業委員会事件勧告的意見は、58条３項、62条４項および192条を根拠として、自国を旗国とする船舶が他国のEEZ内でIUU漁業活動を行わないことを確保するために必要な措置をとる義務などを確認した。

3　未規制の公海漁業問題

以上に見たように、世界の主要公海漁場および主要魚類資源に関しては、ほぼ網羅的に関係諸国が地域的機関を設立して、規制を行っているが、多くの場合規制・取締りは実効的とはいいがたい。その上依然２つの点で問題が残されている。その１つは、そのような機関が存在しない海域が若干残されていること、他の１つは、地域的機関が存在していても、管轄水域内のすべての魚種について保存管理の権限を持つとは限らないことである。

こうした場合においては、漁業は未規制の状態であり、有望な新資源が発見された場合、急速な乱獲が懸念される。たとえば、新たな深海底漁業資源が発見された場合、深海トロール船が利用され、乱獲された例が過去にいくつも存在する。その典型例は、ニュージランドおよびオーストラリア沖の海山麓に生息する深海魚（オレンジラフィーなど）で、この長寿にして、移動範囲も狭く、再生産力の弱い脆弱な魚類は急激に枯渇した。同様に深海魚が生息する場所は、インド洋や大西洋および北太平洋にもあるが、北太平洋については、最近マグロ以外の公海資源の保存管理機関設立のための条約が採択されたことはすでに触れた通りである。

なお、新たな地域的機関ないし取決めが必要と思われる他の地域としては、近い将来に温暖化による漁業の可能性が予測される北極海がある。最近の予測では2030年の夏までに、北極海の氷が毎年なくなる時期も見られるようになるといわれ、魚類の北極海への移動や漁船の活動も予測される。

第10章　海の安全保障

第1節　海洋法条約上の問題

「海の安全保障（maritime security）」との用語は、海洋法上定まった定義はなく、また「安全保障」について実質的な規定も存しない。それは、一般的に海からのないし海を媒介にした脅威に対する国土・国民の安全保障を指すことが多いが、近年では、海上における、船舶や乗組員等の安全保障を指す場合も増大しつつある。したがって、今日では海の安全保障は、軍事的問題に加え、海賊および海上武装強盗、海上におけるテロリズム、大量破壊兵器関連物質の不法輸送、麻薬の密輸入、密入国等に関連する組織犯罪を含み、さらには大規模海洋汚染や違法漁業を含めることもある。本章では、このように海の安全保障を広くとらえ、第７章で扱った海賊・海上武装強盗、第11章・第９章で論じた海洋汚染および違法漁業問題を除き、関連するおもな問題について解説することとする。

1　海洋の平和的利用原則

海洋法条約は、海洋の平和的利用に関する一般的規定として、国連憲章２条４項に沿って、締約国に対し、同条約上の権利の行使および義務の履行に際し、武力による威嚇または武力の行使を、いかなる国の領土保全または政治的独立に対するものも、また、国際憲章に規定する国際法の諸原則と両立しない他のいかなる方法によるものも慎む義務を課している（301条）。国連憲章は、国際紛争の平和的解決義務をすべての加盟国に課しており、戦争を否定し、武力行使を原則的に否定した。こうした国連憲章の上に構築された海洋法条約には、当然ながら戦時ないし武力紛争時に適用される規定は存しない。ただし、安全保障理事会が、平和の破壊や侵略を認定した国に対して、国連憲章第７章の下での強制措置の一環として、海軍による示威や海上封鎖等の軍事的行動を加盟国に要請することがあるが、これらは安全保障理事会の決定による例外的措置であって、海洋法条約に優先して適用されるものである。

海洋の平和的利用の概念は、1958年のジュネーブ海洋法諸条約にはなかったが、その後南極条約、宇宙条約、海底非核化条約等において採用され、海洋法条約にも導入されるべきとの考えが、途上国を中心に広まった。こうして第３次海洋法会議の早い段階から、のちに海洋法条約88条として採択されるに至る規定、すなわち「公海は、平和的目的のために利用されるものとする。」との条文が提案されていた。しかしその具体的に意味するところについては、一般的な合意はなく、一部少数国は、海洋の非軍事化や特定の軍事活動の排除を説いたが、これに対しとくにアメリカ等は、「平和的利用」原則は軍事的活動を一般的に禁ずるものではなく、平和的目的の軍事活動は国連憲章と国際法に完全に合致すると主張した。こうした経緯をたどって、上記301条が海洋全体に適用される一般的規定として採択されたのである。

一方、88条と301条の平和的利用原則が海洋の軍事的利用をすべて禁止しているわけではないことは、条約の他の規定から明白である。たとえば、公海および排他的経済水域における軍艦の航行の自由が確認され（87および58条⑵）、軍艦の特権的地位が保障されている（32、95、236条等）。また、他国の領海を通航中の船舶に対して特定の軍事的活動が禁止されている（19条⑵）のに反し、それ以遠の水域に関しては同様の禁止規定は存在しない。また、締約国は海洋法条約の解釈・適用に関する紛争を、原則として裁判手続に付託する義務を負っているが、「軍事的活動」に関する紛争についてはこの義務を排除する権限を与えられている（298条⑴）。

2　領海の無害通航

海の安全保障は、伝統的には、そもそも領海制度の成立が外国の艦船による国土攻撃からの防衛が背景にあり、そのため、当初広く受け入れられた領海の幅が沿岸からの砲弾の着弾距離に基づいていたことは第１章において見た通りである。こうした経緯を踏まえ、今日、海洋法条約はその幅員を12カイリに拡大したが、領海制度の中心的諸規定は、海からの脅威に対する沿岸国の防御策からなっている。ことに、外国船舶の通航は沿岸国の平和、秩序または安全を害してはならないとする（19条(1)）。そして、具体的に、武力による威嚇やその行使、兵器を用いた演習、沿岸国の防衛関係情報収集、軍事機器の発着・積込み、調査・測量の実施等を禁じ（同条(2)）、また一般に沿岸国の保護権を規定する（25条）ことは、第2章で見た通りである。

3　公海と排他的経済水域における軍事活動

公海の自由には、なかでも（軍艦を含めた船舶の）航行・上空飛行の自由、海底電線・パイプラインの敷設や人工島その他の施設を建設する自由、および科学的調査を行う自由が含まれ（87条(1)）、いずれの国も自国および同盟国のための安全保障目的でこれらの自由を行使することは、基本的に問題ない。ただし、これらの自由の行使に際しては、公海の自由を行使する他の国の利益および深海底活動に関する条約上の権利に妥当な考慮を払う必要がある（87条(2)）。

排他的経済水域については、伝統的には公海の一部として、上記のような公海の自由が適用されていたことから、ことに海軍大国のアメリカおよび旧ソ連は、海洋法会議の当初から、伝統的な公海の軍事的活動の自由をできる限りそのまま確保すべく強硬な態度でのぞんだ。同問題については、きわめて非公式に折衝が進められ、その結果、排他的経済水域では公海の自由のうち、「第87条に定める」航行および上空飛行の自由、海底電線・パイプラインの敷設の自由、ならびに「これらの自由に関連し及びこの条約のその他の規定と両立するその他の国際的に適法な海洋の利用（船舶及び航空機の利用並びに海底電線及び海底パイプラインの運用に係る海洋の利用等）の自由」を享有する（58条(1)）、との規定が採択された。

この条文の起草上最も問題となったのは、軍艦等は航行・上空飛行の自由に関連して、その他のいかなる活動が許されるか、であり、海軍国はこれをできる限り広く求め、沿岸国は当然ながら、自国の安全保障も念頭に、その最小限化を狙った。上記の58条1項の条文はこれら両者の妥協であるが、非公式折衝におけるアメリカの提案を反映したものである。

こうして、アメリカは、軍艦上での航空機の発着、軍事装置の操作、諜報活動、演習、軍事測量等のような軍事的活動は、58条２項によって排他的経済水域においても認められた公海の利用であるとの立場を堅持している。しかしながら、この立場に対して、インド、パキスタン、マレーシア、ブラジル、ウルグアイなどの一部途上国は異論を唱え、海洋法条約の署名・批准の際の宣言を通じて、ことに軍事演習（兵器、爆発物の使用を伴うもの）は沿岸国の同意なしには認められないとの立場をとっている。このような宣言に対しては、イタリア、ドイツ、イギリスなどは、それぞれの宣言において反論し、軍事演習の自由を確認している。

いずれにせよ、このような航行・上空飛行とそれに関連した活動は無制約なものではなく、沿岸国の権利・義務に妥当な考慮を払う必要がある（58条(3)）。ただし、この「妥当な考慮」が具体的に何を意味するかは、条約には示されてはいない。海洋法会議において途上国の沿岸国グループは、沿岸国の安全保障上の利益に対する配慮の必要性を提案したが、非公式協議において受け入れられず、妥協として「沿岸国の権利及び義務……」の文言が採択された。たとえば、沿岸国が開発中の天然資源に対する損害を伴う軍事演習や、主要な漁場へのアクセスを妨げる行為、漁業活動にとって危険な状況をもたらす演習等があげられよう。

4　科学的調査と軍事的測量

海洋法条約は、（海洋の）科学的調査ないし「調査（活動）」を定義することなく使用している。しかし、19条２項(j)、21条１項(g)および40条において、科学的調査とは別に、「測量（活動）(survey)」や「水路測量」が、掲げられていることには留意すべきである。また深海底活動に関係する「概要調査」や「探査」（160条(2)(f)(ii)等）に科学的調査が使用されていないことについても注意すべきである。他方で、沿岸国の防衛・安全を害することになるような情報の収集（19条(2)(c)）が科学的調査に含まれないことは、同じ19条において調査活動が別個（(2)(j)）に言及されていることから明白であろう。

結局、条約第XIII部の規定振り、ことに243条における「海洋環境において生ずる現象及び過程の本質並びにそれらの相互関係を研究する科学者……」への言及も考慮すれば、海洋の科学的調査とは、おおむね海洋の物理的、化学的、生物学的、地質学的特徴等を対象とする多数の学問的分野からなる活動と理解することができ、それには天然資源の調査に関連するものも含まれる。

海洋法条約は、沿岸国がその領海においては、科学的調査に関する排他的管轄権を持つことを確認し、したがってそのようないかなる活動も、沿岸国の明示の同意が必要とされる（245条）。排他的経済水域および大陸棚においては、沿岸国は科学的調査を規制・許可・実施する権利を有することを原則として認めつつ、「専ら平和的目的で、かつ、すべての人類の利益のために海洋環境に関する科学的知識を増進させる目的」で実施される調査計画については、通常の状況においては同意を与えなければならない（246条(3)）、とする、いわゆる「同意レジーム」を採択した。他方、沿岸国は、調査計画が、天然資源の探査・開発に直接影響を及ぼす場合、大陸棚の掘削、爆発物の使用または海洋環境への有害な物質の導入を伴う場合、人工島、構築物の建設・利用を伴う場合には、同意を与えないことができる（同条(5)）。

公海については、科学的調査の自由は、古くから公海の自由の一部とされてきたが、海洋法条約は明文で、海底を除いた公海水域のすべての国による科学的調査の自由を確認している（257条）。

海洋の科学的調査が安全保障上の問題になるのは、アメリカ、イギリスなどの海洋先進国が、科学的調査および測量とは別に「軍事的測量」が存在し、この種活動には海洋法条約の第XIII部は適用されないとの立場をとっているからである。ことにアメリカは、軍事的測量を、軍事目的の、海洋データ収集にかかわる沿岸海域における活動で、海洋学的、海洋地質学的、地球物理学的、化学的、生物学的および音響学的データを含むとしている。そして、こうした活動を58条１項の、船舶・航空機の運航にかかわる適法な排他的経済水域（および公海）利用の一部として正当化してきた。イギリスもまた「軍事データ収集」活動は他国の排他的経済水域においても行使できる公海の自由であるとしている。

こうした米英の立場に対し、とくに中国は否定的態度をとり、たとえば同国の排他的経済水域内において監視活動中の米海軍海洋測量船に対して妨害行為を行い、かつ抗議したとされる。他方中国は、近年わが国の排他的経済水域において、わが国への通報や同意申請を行うことなく、調査ないし測量船による活動を行ってきていることにもかんがみ、本問題に関する同国の立場には依然不明瞭な点が多く見られる。

第2節　海洋法条約で触れられていない問題

1　海上におけるテロリズム

第7章で見たように海賊に関する国際的制度には、主として海賊行為の狭い定義から、ことに事件の頻発する沿岸国領海内での海上武装強盗が除外され、また公海上であっても同一船内で発生するテロ行為やハイジャック事件などには適用されない等、大きな欠陥が存する。このような欠陥を如実に痛感させたのが、1985年のアキレ・ラウロ号事件である。

【アキレ・ラウロ号事件】　イタリア船籍のクルーズ船アキレ・ラウロ号が地中海の公海を航行中に起こったこのハイジャック事件は、乗客として乗船していたパレスチナ解放戦線に属する武装グループが、他の乗客を人質にして船舶を乗っ取り、イスラエルが収容する同グループの仲間の釈放を要求したものである。これは、同一船内で発生した高度に政治的な暴力事件であり、海賊行為に関する国際法規は適用できないとの考えが一般的で、このような国際法の欠缺を埋めるための新たな条約の策定作業が急遽IMOにおいて開始された。その結果1988年に採択されたのが海洋航行不法行為防止条約（以下、SUA条約）および大陸棚に固定されたプラットフォームの安全に対する不法行為防止に関する議定書（以下、SUA議定書）である。

2　SUA条約およびSUA議定書

SUA条約は、まず、不法かつ故意に行う以下の行為を犯罪と規定する。

① 暴力、暴力による脅迫その他の威嚇手段を用いて船舶を奪取し、または管理する行為。

② 船内の人に対する、同船舶の安全航行を損なうおそれがあるような形の暴力行為。

③ 船舶を破壊し、または船舶・積荷に対して同船舶の安全航行を損なうおそれがある損害を与える行為。

④　船舶に、同船舶を破壊するような装置・物質、または同船舶・積荷に安全な航行を損ないうる損害を与えるような装置・物質を置き、またはそれらが置かれるようにする行為。

⑤　海洋航行に関する施設を破壊・損傷し、またはその運用を著しく妨害する行為で、船舶の安全航行を損なうおそれがあるもの。

⑥　虚偽情報を通報し、それにより船舶の安全航行を損なう行為。

⑦　①から⑥までに定める犯罪およびその未遂に関連して人に傷害を与え、または人を殺害する行為（3条⑴）。

以上に加えて、上記犯罪の未遂、教唆その他の加担行為、または②、③、⑤に定める犯罪を行うとの脅迫で、船舶の安全航行を損なうおそれがあるものも犯罪とされる（3条⑵）。

SUA条約は、これらの犯罪について、海賊の場合に比して、より具体的な裁判権付与を含む以下のような国際的執行制度を設けた。

まず、締約国は、①犯罪が自国船籍の船舶に対しまたはその船舶内で行われる場合、②犯罪が領海を含む自国の領域内で行われる場合、および③犯罪が自国の国民によって行われる場合、においてこれらの犯罪についての自国の裁判権を設定するために必要な措置をとることを義務づけられる（6条⑴）。さらに、締約国に対し、①犯罪が自国内に常居所を有する無国籍者によって行われる場合、②犯罪の過程で自国民が逮捕・殺害などの被害者になる場合、および③犯罪が、何らかの作為・不作為を自国に対して強要する目的で行われる場合、自国の裁判権を設定する権利を付与する（6条⑵）。

条約はさらに、締約国に対し、容疑者が自国領域内に所在するが、同人につき裁判権を設定する上記のいずれの国にも引き渡さない場合には、自国が裁判権を設定するために必要な措置をとる義務を課している（6条⑷）。また、引渡しに関しては、他の締約国との間に犯罪人引渡条約が存在する場合には、当該犯罪を同条約上の引渡対象犯罪と見なさなければならず、また、そのような条約が存在しない場合には、将来相互間で締結されるすべての犯罪引渡条約に、当該犯罪を引渡対象犯罪として含めなければならない（11条⑴）。なお、引渡条約の締結を犯罪人引渡しの条件とする国は、実際に引渡しの請求を受けた場合には、このSUA条約を引渡しの法的根拠と見なすことができる（11条⑵）。

なお、SUA議定書は、SUA条約と実質的に同等な条項を、資源探査・開発その他の経済的目的の、恒久的に海底に固定されたプラットフォームにも適用するものである。

しかしながらSUA条約・議定書については、その後海上安全保障問題の拡大等に伴って、いくつかの欠陥ないし不十分性が明らかになった。とくにそれは、容疑者のいる船舶への海上での乗船手続と容疑者の扱いについて規定を設けておらず、また、船舶からまたは船舶を道具としたテロ行為で、船舶の安全航行を直接危険にさらさないもの等を犯罪としていない。さらに、国内的執行の前提とされている「引き渡すか、または訴追せよ」の原則もいくつかの問題を内在している。第1に、条約・議定書は、引渡しの義務を規定していない。しかも、引渡しは引渡被請求国の定める条件に服し、そのような国の法令の多くは政治犯を引渡可能の犯罪から除外している。しかも何が政治犯であるかは、当該国家の判断次第である。第2に、引渡しの請求が複数国からなされる場合に、被請求国は、最終的には政治的、人道的等の観点から最ものぞましい引渡国を、自らの判断で選定できる。第3に、本制度は、自国の法令に従って、事件を訴追の目的で権限ある当局に付託する義務を課すのみで、犯人を訴追し、かつ処罰する絶対的な義務は含んでいない。

以上のような背景と、2001年の9.11事件を契機として、SUA条約・議定書は大きく改正されるに至るが、同改正を検討する前に、海上執行制度に関して他の分野における海上犯罪に関し見られた、若干の進展について触れる必要がある。

3　国連麻薬新条約

海洋法条約は、麻薬および向精神薬（以下、麻薬）の海上取引に関して若干の規定は置いている。すなわち、領海においては、通航中の外国船舶内における不正取引を防止する必要がある場合には、沿岸国の刑事裁判権の行使を認める（27条(1)(d)）。しかし、公海上の船舶については、同条約はすべての国が麻薬の不正取引を防止するために一般的協力義務を有することを規定し（108条(1)）、自国の船舶が不正取引を行っていると信ずるに足りる合理的理由がある場合には、同取引の防止のため他国の協力を要請できるとするのみである（同条(2)）。

つまり、公海においては、基本的に旗国主義が適用され、いずれの国も、自国籍以外の船舶については旗国からの協力要請を受けない限り海上執行にはかかわり得ない。

こうした海洋法条約のギャップを埋めるため、SUA条約が交渉されていたのとほぼ同時期に、新たな条約を通じてこの点に取り組む努力が国連においてなされた。その結果、SUA条約採択の数か月後に、1988年の麻薬および向精神薬の不正取引の防止に関する国際連合条約（以下、国連麻薬新条約）が完成した。その17条は海上における麻薬の不正取引取締制度をやや詳細に定めている。

まず、締約国は海上の麻薬不正取引防止のため、「可能な最大限の協力」をしなければならない。次いで、締約国は、自国船舶または無国籍船が不正取引に関与していると疑うに足りる合理的な理由を有するときは、同船舶の関与防止のため他の締約国の援助を要請することができ、被要請国はその可能な手段の範囲内で援助を行う義務を負う。また、締約国は他の締約国籍の船舶が麻薬の不正取引に関与していると疑うに足りる合理的な理由を有する場合には、その旨を旗国に通報し、当該船舶について適当な措置をとることの許可を旗国に要請することができる。旗国は、両国間の何らかの形式の同意表明を通じて、当該船舶に乗船し、捜索することを許可することができ、さらに、不正取引に関与していることの証拠が発見された場合には、当該船舶ならびにその乗船者および積荷について適当な措置をとることを認める必要がある。また、上記の他の締約国からの各種要請に対しては速やかに回答するものとされ、かつ、これらの要請を扱うための窓口（当局）を指定し、これを他の締約国と国連事務総長に通報しなければならない。

4　国際組織犯罪防止条約移民密入国防止議定書

上記の国連麻薬新条約17条の類似規定は、その後2000年に国連総会が採択した国際組織犯罪防止条約の移民密入国防止議定書にも採用されることとなった。同議定書は、まず海洋法に従って、海路による移民の密入国の防止・抑止のために可能な最大限の協力を行うことを締約国に義務づけ（7条）、次いで麻薬新条約より積極的な協力手続を定めたが（8条）、それはつぎのような規定を含む。

① 締約国は、自国籍船、無国籍船、外国船を装うかまたは船籍を拒否したが実際には自国の国籍を有する船舶等が、移民を密入国させることに関与していると疑うに足りる合理的理由を有する場合には、これら船舶の密入国のための利用の抑止にあたり、他の締約国の援助を要請することができ、後者はその能力の範囲内で可能な限り援助を行わなければならない（8条(1))。

② 締約国は、他の締約国の船舶が移民の密入国に関与していると疑うに足りる合理的理由を有する場合には、その旨を当該国に通報し、船舶登録が確認された場合には、当該船舶について適当な措置をとることの許可を要請することができる。旗国は、前者に対して、当該船舶への乗船およびその捜索を許可し、密入国への関与の証拠が発見された場合には、同船舶、その乗船者・積荷について適当な措置をとることを許可し得る（同条(2))。

③ 締約国は、上記の要請等の事務を扱う当局を指定し、国連事務総長を通じてすべての締約国に通報しなければならない（同条(6))。

④ 締約国は、移民の密入国を行っている船舶が無国籍または無国籍と疑うに足りる合理的理由を有する場合には、これに乗船し、捜索することができ、疑いを裏づける証拠が発見された場合には、国内法・国際法に従って適当な措置をとる（同条(7))。

北アフリカからの不法移民や人身売買を取り締まるため、EU加盟国とくにイタリアおよびスペインが地中海でパトロールを実施し、8条7項に基づき、不法移民や人身売買に関与している無国籍船を拿捕している。両国の判例では、同項の「適当な措置」に船舶の停船、臨検および拿捕ならびに乗組員の逮捕も含み得ると判断している。

以上のように、密入国防止議定書は、基本的に国連麻薬新条約17条に沿った制度を取り入れたが、船舶の取締りに対する他の締約国の協力の強化を規定している点が新しいといえよう。

5　SUA条約の拡大改正

上記**2**において見たように、SUA条約については、海上執行制度を含めいくつかの欠陥が明らかにされてきた。ことに2000年10月の、イエメンのアデン港に停泊中の米国海軍駆逐艦に対するゴムボートによる自爆テロ攻撃（コール襲撃事件）や、翌年の９.11テロ事件などは、船舶等の運輸手段が他の船舶や港湾施設等に対するテロ攻撃手段として利用される可能性を実証した。こうして、９.11事件直後の2001年11月、IMO 総会は、船客・乗組員の安全保障・安全に対するテロ行為の防止対策の再検討に関する決議を採択し、SUA 条約等のアップデートおよびその他の安全保障強化措置の必要性を検討した。その後の IMO における作業を経て、2005年10月の SUA 条約改正のための外交会議において採択されたのが「海洋航行不法行為防止条約に対する2005年議定書」（以下、SUA 改正議定書）である。

アメリカの主導によってまとめられた同改正議定書で同国がめざした最大の狙いは、犯罪とされるべき行為に、核・生物・化学兵器（以下、NBC 兵器）や船舶等を利用したテロ行為も含めること、NBC 兵器関連物質の輸送等もこれに含めること、および公海上での取締りに関し、旗国主義原則を緩和させ、旗国以外による乗船等の執行措置を円滑にさせるための仕組みを設けること、であった。改正議定書がモデルとしたのは、本節**2**および**3**で扱った２つの条約の諸条項であるが、とくにアメリカの意図を反映し、犯罪行為と執行制度に関し新たな要素が追加された。おもな追加条項は概略以下の通りである。

まず新たな犯罪行為としては、いわゆるテロリスト動機と特定物質の輸送行為を以下のように追加した。

(a)　不法かつ故意に住民を威嚇し、または政府・国際機関から特定の行為・不作為を強要する目的で行う次のような行為。

①　爆発物、核物質または NBC 兵器の船舶上または船舶に対する使用で、死または重大な損傷を引き起こすかまたはそのおそれのあるもの。

②　死または重大な損傷を引き起こすかまたはそのおそれのある量ないし濃度の有害危険物質を船舶から排出すること。

③　死または重大は損傷を引き起こす方法で船舶を使用すること、または

④　上記犯罪を実行するとの脅迫を行うこと（３条の２(1)(a)）。

(b)　不法かつ故意に以下を船舶で輸送すること。

①　爆発物または核物資。ただし、それらが住民を威嚇し、または政府・国際機関から特定の行為・不作為を強要する目的のために死または重大

な損害を引き起こすかまたは引き起こす脅迫のために利用される意図を承知している場合。

② NBC兵器。ただし、それが本議定書の定義するNBC兵器であることを承知している場合。

③ 特殊核分裂物質の生産等のための原材料物質・装置等。ただし、それらが、核爆発または国際原子力機関（IAEA）の包括的保障協定の下にないその他の核関連活動のために使用されることを承知している場合、または

④ NBC兵器の生産等に大きく貢献する機器、物質、ソフトウエアまたは関連技術で、上記目的で使用される意図を持っているもの（3条の2(1)(b)）。

なおこれらの行為の犯罪化に関連して注目すべきことは、SUA改正議定書の交渉中2004年4月、安全保障理事会が決議1540を採択したことである。同決議は、大量破壊兵器とその運搬手段の拡散が「国際の平和と安全に対する脅威」であることを確認し、国連憲章第7章の下でとくに以下の趣旨の決定をした。①すべての国は大量破壊兵器とその運搬手段を開発、取得、製造、所有、輸送、移転または使用する非国家主体に対するいかなる形の支援も差し控えること、②すべての国は非国家主体が、とくにテロ目的のために大量破壊兵器とその運搬手段を製造、取得、所有、開発、輸送、移転または使用すること、およびその未遂、共犯、援助または資金提供を禁ずる適切な実効的な法律を採択・執行すること、③すべての国は、関連物質に関する適切な管理の確立を含め、大量破壊兵器とその運搬手段の拡散防止のための国内的管理を確立するため実効的措置をとり、かつ執行すること。

SUA改正議定書は、前述したように大幅に拡大されたカテゴリーの犯罪の取締りに関して、きわめて詳細な執行制度を8条の2に設けた。そのおもな規定は以下の通りである。

① 締約国Aの法執行官が公海上で、締約国Bの旗を掲げる船舶が議定書所定の犯罪に関係していると疑うに足りる合理的理由があり、かつ乗船を希望する場合には、Bに対して船籍確認を要請し、その確認後乗船・積荷捜索、乗務員への質疑の実行等を要請する。

② Bは、当該要請を認めるか、自国の法執行官により乗船・捜索を行うか、または乗船・捜索を拒否することができる。

③ 議定書の締結に際して、各締約国はIMO事務局長に対し、犯罪の存否確認のための乗船等要請に4時間以内に回答しない場合には、要請国に対し乗船等の許可を与える旨通知することができる（いわゆる4時間ルール）。

④ 乗船の結果、議定書に定める犯罪に関与している証拠が見出された場合には、旗国BはAに対して、船舶を抑留することを許可できる。

⑤ 以上の乗船に関し、旗国Bは抑留された船舶、積荷、乗組員について、接収、逮捕・訴追を含め管轄権を行使する権限を有する。

⑥ 議定書の締結後1か月以内に、締約国は許可要請への回答、国籍確認、適切な措置の許可等を担当する当局を指定し、IMO事務局長に通報し、また事務局長はこれをすべての締約国に通報する。

以上に加え、改正議定書は犯罪人引渡制度に関連し、議定書に定める犯罪は、引渡しまたは法律上の相互援助に関しては、政治犯罪、政治犯罪に関連する犯罪または政治的な動機による犯罪と見なしてはならない、とした（11条の2）。

以上のように、SUA改正議定書は、航行の安全にかかわる犯罪行為を対象としたSUA条約をはるかに超えて、船舶自体のテロ行為目的の使用、特定物質の輸送の犯罪化等を追加したほか、他国の船舶に対する海上執行を容易ならしめるため、選択条項とはいえ、4時間ルールを1つの可能な手続として導入した。さらに、犯罪人引渡制度における、政治犯としての扱いの禁止もSUA条約に対しては新たな進展といえる。しかしながら、4時間ルールも含め、海上での執行制度は、いずれかの時点における旗国による同意が依然として前提となっている点、根本的に旗国主義は貫かれていることは否めない。ただし、改正議定書によって、関係する旗国に対しては、場合によっては旗国主義への固執を弱める1つの政治的圧力が働くことは確かであろう。

6　大量破壊兵器関連物質の拡散防止

9.11テロ事件を受けてアメリカが推進した一連の国際協力措置に拡散防止構想（「拡散に対する安全保障構想」とも訳される。原語はProliferation Security Initiative,以下、PSI）がある。これは多数国間の政治的コミットメントを中核とするいわば有志連合で、国際法上の条約体制ではない。

PSIは、大量破壊兵器(WMD)、ミサイルおよびそれらの関連物資(以下、WMD等)の拡散を阻止するために、国際法・国内法の範囲内で参加国が共同して、国内および国家領域外でとり得る移転・輸送の阻止のための措置を検討し、実践する取組みである。

ブッシュ米国大統領(当時)は、2003年5月、この構想を発表し、まず日本、イギリス、イタリア、オランダ、オーストラリア、フランス、ドイツ、スペイン、ポーランドおよびポルトガルの10か国に参加を呼びかけ、その後これら諸国も含め、2015年6月までに合計105か国が、PSIの基本原則や目的に対する支持を表明し、その活動に参加・協力している。

PSIの活動の基本的原則とされるものが、参加国が2003年のパリ会合で採択した「阻止原則声明」である。これは政治的文書であり、参加国の行動の指針とされる。同声明は、まずPSIの目的を、国内法上の権限、国連安全保障理事会決議を含む関連国際法の枠組みに沿って、WMD等の拡散懸念のある国および非国家主体から、またはそれらに対してWMD等が輸送されることを阻止するためのより調整された効果的基盤を構築することとし、その際とられるべき具体的措置のおもなものは以下の通りである。

① 単独または他国と共同で、WMD等の上記国家・非国家主体への、またはそれらからの移転・輸送の阻止のため効果的措置をとること。

② 疑いのある拡散活動に関連する情報の迅速な交換のための効果的な手続を採択すること。

③ これらの目的達成のために必要な場合に、関連国内法上の権限を再検討し、その強化に努めること、また関連国際法枠組の強化に努めること。

④「国内法上の権限が許す限り、かつ国際法枠組内の義務に従う限りにおいて」、WMD等の積荷に関する阻止努力を支援するための措置をとること。それらには6項目の措置を含むが、おもなものはつぎの通りである。

(i) 自国籍船舶が拡散の懸念される国家・非国家主体への、またはそれらからの上記積荷の輸送を行っていると疑うに足る合理的理由がある場合、内水、領海または他国の領海を越えた海域において、当該船舶に乗船し、立入検査を行うための措置をとること、およびそのように確定された積荷を押収すること。

(ii)　適当な状況の下において、他国による自国籍船舶への乗船、立入検査ならびに当該他国がWMD等に関連したものと認める積荷の押収に対して、同意を与えることを真剣に考慮すること。

(iii)　(a)拡散の懸念される国家・非国家主体への、またはそれらからのWMD等の積荷を輸送していると合理的に疑われる船舶を、自国の内水、領海または接続水域において停船させ、または立入検査を行い、かつそのように確認された積荷を押収すること、および(b)そのような船舶で、自国の港、内水または領海に出入りしようとする船舶に対し、事前の乗船、立入検査および関連物質の押収の受入れなどの条件を課すること。

以上のうち、①、②および③は、PSI参加国の政治的約束で、国際法上何ら問題はない。しかし、④の(iii)については、とくに、領海の通航に関しては、すべての外国船舶は無害通航権を持ち、海洋法条約19条2項に列挙された事項に従事する場合以外は、無害と見なされるところ、これらの事項にはWMD等の輸送は掲げられておらず、また、沿岸国が21条に沿って法令で規制し得る活動のなかにもそのような輸送は含まれていない。

このように、無害通航権を海洋法条約規定以上に制限するような措置や国内法は同条約に合致しない。しかし、PSI原則声明は④において、「国際法枠組内の義務に従う限りにおいて」行動することを各参加国に指示していることを想起する必要があろう。そして、上述したように、安全保障理事会決議1540が法的拘束力のある形で、WMD等の取得、移転等に関する非国家主体に対する支援等を差し控え、またこれら兵器等の拡散防止のための国内的管理を確立するよう実効的措置をとることを決定している。こうした点を考慮すれば、海洋法条約規定を超えた国内法規定であっても、同決議に合致した非国家主体が関係する活動に関する措置である限り、対外的に問題は生じないと思われる。

なお、アメリカはさらに、PSI海上執行の実効性を高めるため、パナマ、リベリア、キプロス、ベリーズなど多くの船舶を登録している便宜船籍国と2国間協定を結び、公海・排他的経済水域において1国の取締船等が相手国の船舶にPSI関連輸送の疑いを持つ場合にはその旗国に対して乗船・検査の同意を求め、通常は2時間以内に返答がない場合には同意があったものと見なす旨の規定を置いている。さらに、当該船舶の抑留、積荷・乗組員に対する管轄権の行使等も規定するものもある。これらの旗国に属する船舶が世界の外交船舶の相当数を占めていることにかんがみ、これら2国間協定がPSIの海上執行面を大きく補完していることは否めない。

7　法執行と武力の行使

いずれの国も国際法が許容する範囲内で国内法に基づき法執行活動を行うことができ、かつ、合理的および必要な範囲を超えない程度で武器を使用する(実力の行使) ことができる (例　サイガ号事件、国連公海漁業実施協定22条(1)(f))。しかし、近年の判例において、海上での法執行活動 (実力の行使) が、単なる警察活動の文脈だけではなく、武力の行使との関係でもたびたび取り上げられている。1998年のスペイン対カナダの漁業管轄権事件では、カナダ漁業海洋局の警備艇が北大西洋漁業機関の規制区域 (公海) 内で操業中のスペイン漁船エスタイ号をカナダ沿岸漁業保護法違反容疑で発砲および拿捕したことについて、スペインはカナダの措置は国連憲章2条4項に違反すると主張したが、国際司法裁判所は、カナダによる実力の行使 (use of force) は法執行措置の枠内であると判断している。

また、2007年のガイアナ・スリナム海洋境界画定事件では、未画定海域内でガイアナの許可を得て石油の掘削活動を行っていた民間掘削船に対して、スリナム海軍の巡視船が「12時間以内に退去しなければ、結果はあなた方が知るであろう」と警告したことについて、仲裁裁判所は、単なる法執行活動というよりも軍事活動の威嚇に類似するとして、国連憲章および一般国際法に反する「武力による威嚇」と判断した。

いうまでもなく、法執行と武力の行使とを客観的に区別する基準が確立しているわけではないが、両者の区別については、沿岸国の主観的な性質決定に依存することなく、むしろ「事件ごとの関連事情を考慮し、主として活動の性質の客観的評価に基づいて」区別されるべきだということが、ウクライナ軍艦抑留事件 (暫定措置命令) で示されている。その関連事情については、学説上、行為が行われた場所、使用される実力の程度、行為主体、行為対象、行為の目的や事案の背景をなす文脈等が考慮されるべきだと指摘されている。

いずれにしても、現在でも多くの国が、軍が海上での治安維持や犯罪取締りに従事していることから、海上警察機関や軍といった行為主体のみが、行為の法的性質を決める際の決定的な要素とはなり得ないことは、2016年の南シナ海仲裁事件や2020年の沿岸国の権利に関する仲裁事件（先決的抗弁）でも指摘されている。

【ウクライナ軍艦抑留事件（暫定措置命令）】　2018年12月、ケルチ海峡（黒海とアゾフ海との結ぶ海峡）を通航しようとしたウクライナ海軍の軍艦３隻がロシア沿岸警備隊によって拿捕され、乗組員も拘禁された。ウクライナは、この拿捕等の措置が国際法特に海洋法条約に違反するとして、軍艦及び乗組員の釈放を求めて国際海洋法裁判所に暫定措置を要請した。裁判所は、ウクライナの主張を認め、ロシアに軍艦および乗組員の釈放を命じた。また、ロシアによる拿捕等の措置については、事実関係や当時の状況から、これは「軍事活動」ではなく、「法執行活動」であると認定している。

第11章　海洋環境の保護

われわれは、ヨットで太平洋を東から西へ横断する冒険家を見て、海の大きさと、彼が汚れのない海の美しさを讃えるのを聞いて、海の途方もない潜在能力を感じたものだ。が、時代を経て、海が汚れ始めた。われわれ人類の生活の向上が戦争や文明化のため、その自浄能力を超えて、海が息絶え絶えになっているのである。

気候変動枠組条約の第21回締約国会議（COP21）は、とうとう産業革命からの地球平均気温の上昇を2℃未満に抑え、温暖化の原因になる二酸化炭素などの温室効果ガスの増加量を今世紀末にゼロになる目標につき合意した。

第1節　海洋環境保護の歴史

1　第2次世界大戦以前

第2次世界大戦前の海洋汚染防止については、アメリカの油濁法（1924年）と1926年にアメリカが海洋国14か国に海洋汚染防止条約の作成を呼びかけたこと、また国際連盟時代の1934年に油濁防止問題が国際条約による解決に適するとして1936年に理事会が国際会議の招集を決定した（会議の招集なし）ことが目立つくらいであった。

2　第1次国連海洋法会議まで

戦後、国際連合の時代になって、海洋汚染の問題は、国連運輸通信委員会とヨーロッパ経済委員会で研究された。政府間海事協議機関（IMCO）の主唱により主要海運国の外交会議が1954年にロンドンで開かれ、海水油濁防止条約が締結された。その後、1958年に第1次国連海洋法会議が開かれ、公海条約で海水の汚濁防止の規則作成義務（24条）と放射性廃棄物に関する義務（25条）が規定されるに終わった。

こうした事実から見ると、当時は、とくに油の排出と放射性廃棄物の投棄が主要問題であったことがわかる。そして、旗国の義務は、前者については、規則作成が、後者については、国際機関との協力が定められただけであった。なお、1958年大陸棚条約５条７項も沿岸国に一定の環境配慮義務を課していた。

3　第３次国連海洋法会議まで

1960年代に入り、産業の発展とともにタンカーの増加に伴ってその規制の必要が叫ばれ、IMCOの活動を受け継いだIMOにより、海水油濁防止条約が何度か改正された。同条約とその改正をまとめて単一の文書としたのが、1973年の海洋汚染防止条約（MARPOL条約）である。しかし、その枠組みは、船舶の旗国の国内法令による海洋汚染の防止と処罰を定めるものであって、当時はまだ船舶起因汚染は、旗国管轄権で十分であるとの認識が一般的で、旗国主義による海洋汚染規制は旗国が熱心でないこともあって十分に機能せず、国際航行の自由が手厚く保障された反面、沿岸国の法令による禁止と処罰を認めるというもので、海洋汚染の被害国（沿岸国）の利益はほとんど無視されていた。

国際社会のこうした緩慢な動きに対して、注目すべき出来事が現れた。それが、1967年の国連総会におけるマルタの国連大使パルドのきわめて注目される演説であり、1972年の人間環境宣言である。

パルド大使の演説は、人類共同財産である深海底資源は平和的にかつ全人類のために利用されるべきとした上で、とくに深海底汚染の防止を提唱した。この演説の反響は大きく、国連では、海底平和利用委員会が設置され、深海底汚染の防止が議論された。1971年より付託事項を深海底に限らず、海洋法一般に拡大され、委員会も拡大海底平和利用委員会となり、その下部委員会である第３小委員会によって海洋環境の保全問題が審議された。かくして、海洋汚染の防止問題がようやく国連において本格的に取り上げられる舞台が用意されることになったのである。

【人間環境宣言】　1960年代後半には、世界各地で環境破壊が進み、世界の環境保護に対する世論が高まり、「かけがえのない地球」「地球は一つ」の合言葉が声高になっていった。こうした環境破壊の危機に対して、国連はスウェーデンの提案を容れて、1972年に世界114か国の代表が参加してストックホルムで国連人間環境会議を開催した。同会議は、「人間環境宣言」を採択し、国際的な環境問題への取組みに大きな力強さを加えた。同宣言は、環境の保全と改善をはかる上での理念と原則を表明したもので、とくに第7原則は、「各国は、人間の健康に危険をもたらし、生物資源と海洋生物に害を与え、海洋の快適さを損ない、または海洋の正当な利用を妨げるような物質による海洋の汚染を防止するため、あらゆる可能な措置をとらなければならない。」と定め、汚染が人類全体の問題であることを明らかにし、宇宙船地球号の意識を全世界に広げることに大いに役立った。

第3次国連海洋法会議は、こうした海洋に対する意識改革を背景として開催されたのである。

4　第3次海洋法会議における審議

第3次海洋法会議は、1974年の第2会期より「海洋環境の保護及び保全」について、第3委員会において審議が行われ、ケニア提案をはじめ多くの提案が審議され、実質的な議論が始まった。同委員会では、諸国の基本的立場は、「基準」と「執行」、すなわち、船舶起因汚染の防止「基準」をいかに設定するのかと、それらの基準の「執行」管轄権を旗国、寄港国、沿岸国間でどう調整すべきかをめぐって対立した。

会議では、基本的立場として、環境保全を重視し船舶からの排出基準を厳しくしようとする先進国と、環境より開発を重視し、経済発展のために船舶からの排出基準をゆるやかにしようとする途上国との対立があった。諸国の立場は、汚染防止基準は国際基準であるべきとする点で先進国はほぼ一致したが、執行については、国際的に合意のある基準を旗国が執行し、寄港国がそれを補完する立場（先進国）と沿岸国が200カイリ内で国内基準を執行する権限をもつべきであるとする立場（途上国）とが対立した。先進国のなかでも、執行の権限は旗国のみとする立場（イギリスなど）、寄港国も加えるべきとする立場（アメリカなど）、汚染防止ゾーン設定権を沿岸国が持つとする立場（フランスなど）に分かれた。これに対して、若干の途上国と一部先進国は200カイリ水域と汚染防止ゾーンを一体とするゾーナルアプローチに基づく沿岸国主義を主張した。

他方、大多数の途上国は、国内基準を正当化し、200カイリ水域内における海洋汚染防止の基準設定と執行の権限は沿岸国の主権的権利であると強く主張した。また寄港国主義については、旗国主義の欠陥を補うものであるし、また航行中の船舶に対して沿岸国が海洋汚染防止を理由に介入するという沿岸国主義の弱点を補強するものとして、多くの先進国が賛同の意を表明した。

このように、従来の旗国主義一辺倒から寄港国や沿岸国にも一定の管轄権行使を認め、多元的な管轄権制度が採用されたのは、先進国の主張する国際航行の利益と途上国を中心とする沿岸国の利益とのバランスを保ちつつ、海洋汚染防止の実効性を担保しようとするためであった。

結局、第3会期（1975年）で「非公式単一交渉草案」、第4会期（76年）で「改訂単一交渉草案」、第6会期（1977年）で「非公式統合交渉草案」がつぎつぎと作成された。そして、執行については、旗国主義の弊害を是正して、旗国の取締義務を強化すると同時に、沿岸国と寄港国の管轄権も補完的に認めるなど最終的な調整が行われた後に、新たな国際制度がつくられた。

第2節　国際環境法の基本原則と海洋環境の保護

1　概説

環境保護に関する国際法規則の総体である国際環境法は、1972年人間環境会議を契機に急速に発展し、その過程で、いくつかの基本原則が明らかとなった。その基本原則は、1972年の人間環境宣言と1992年の環境と開発に関するリオ宣言（以下「リオ宣言」）に、反映されている。

国連海洋法条約は、国際環境法が発展しつつある時期に作成されたものであり、海洋環境の保護に関する国際法規則は、海洋法条約採択後の発展を踏まえて考察しなくてはならない。このことは、条約に明文で定められていない国際環境法の基本原則を、どう条約解釈に取り入れるかという解釈問題でもある。ITLOSを始めとする国際裁判所は、さまざまな解釈方法を用いて、この問題に対処してきた。

以下では、国際環境法の基本原則を、国連海洋法条約の関連規定と海洋環境保護に関する国際判例を交えて、紹介する。

なお、国際裁判例において、「海洋生物資源の保存は、海洋環境の保護および保全における1要素である」という考えがほぼ確立している（1999年ミナミマグロ事件ITLOS暫定措置命令、2015年西アフリカ地域漁業委員会事件ITLOS勧告的意見、2016年南シナ海事件仲裁裁判所判決）。その考えに従うと、本章で海洋生物資源保存に係る国際法規則を扱うべきともいえるが、本章ではこの問題は国際環境法の基本原則との関係でのみ触れることとし、詳細は第9章で取り上げる。

2　海洋環境保護義務および海洋汚染防止義務

国際環境法の基本原則のうち、実体的義務として最も重要なのは、環境損害防止義務である（1972年人間環境宣言第21原則、1992年リオ宣言第2原則。また、1941年トレイル熔鉱所事件米—カナダ仲裁裁判所判決参照）。

国連海洋法条約は、第12部の最初の条文である192条で海洋環境の保護および保全の一般的義務を明記するとともに、194条で海洋汚染防止の義務を確認した。

2016年の南シナ海事件（フィリピン対中国）に関する附属書Ⅶ仲裁裁判所判決は、192条の一般的義務は、海洋環境の保護と保全の両方に及ぶ積極的義務と海洋環境を損なわないという消極的義務であるとし、国は、大規模な建設活動を行う場合には、環境への重大な被害を防止・軽減させる積極的な義務を有する、と指摘した。その上で、裁判所は、中国漁船がウミガメやサンゴなどの絶滅危惧種を漁獲していることについて、国は自国の旗を掲げて航行する船舶が絶滅危惧種を漁獲していることを知っている（is aware）ときには、そのような行動を防止するための規則を制定し措置をとる義務を有するとして、中国が192条と194条5項（絶滅危惧種に関する規定）の義務に違反した、と認定した。また、裁判所は、中国の人工島建設活動が192条、194条1項および194条5項に違反したことを認定した。船舶の旗国は自国船舶の問題行動を「知っている」場合は防止義務を負うとし、厳しい判断を示したことが、注目される。

3　予防原則・予防的アプローチ

予防原則（予防的アプローチ）は1972年人間環境宣言には定めがなく、1992年リオ宣言第15原則で定められた。

1982年に採択された国連海洋法条約は予防原則について規定を持たないが、1992年以降に作成されたいくつかの海洋法関連文書は、予防原則を取り入れている（たとえば、1995年国連公海漁業協定〈6条(1)・(2)〉)。また、国際海底機構（ISA）が作成し法的拘束力を有する鉱業規則（第8章参照）は、「リオ宣言第15原則に反映されている予防的アプローチを適用する」と定めており（2000年団塊規則第31規則2項〈2013年改訂〉、2010年硫化物規則第33規則2項、2012年コバルトリッチクラスト規則第33規則2項）、条約採択後の国際環境法の新たな発展を取り入れている。

2011年深海底活動責任事件ITLOS勧告的意見は、上記鉱業規則の規定に言及しつつ、「予防的アプローチが慣習国際法の一部となるような傾向を見せている」と判示した。同勧告的意見は、1999年ミナミマグロ事件ITLOS暫定措置命令が予防的アプローチを認めたことを示唆する。

4　汚染者負担原則

(1)　汚染者負担原則と賠償責任

汚染者負担原則（polluter pays principle）は、汚染により生じる費用はその汚染の発生に責任を有する者が負担すべきとする考えであり、1992年リオ宣言第16原則に明記されている。1990年の油濁事故対策協力条約（OPRC条約）は、前文で、汚染者負担原則が国際環境法上の一般原則であることを確認している。

環境損害についての賠償責任（liability）を誰がどういう法的根拠で負担すべきかは、以前からかなり議論があった。すなわち、トレイル熔鉱所事件のように民間企業の活動により生じた損害について国が国際法に基づき損害賠償の責任を負うべきとする考え（国家責任方式）と、かかる損害は当該企業が国内法に基づき責任を負うべきであり国はそのための国内法制度を整備するにとどめるべきとする考え（民事責任方式）が、長く対立した。後者の考えを理論的に支えるのが、この汚染者負担原則である。

1972年人間環境宣言（第22原則）と1982年国連海洋法条約（235条(3)）は、この対立を解決できず、今後の発展に委ねた。しかしその後、国家責任方式を支持するような条約も国家実行も現れず、1990年代以降は民事責任方式の考えが支配的となった。上述のように、1992年リオ宣言は汚染者負担原則を明記し、民事責任方式を支持する立場に立った。2006年のILC越境損害損失配分原則の第4原則も、民事責任方式を採用した。

(2) タンカー事故による油汚染損害についての責任条約制度

海洋法に関わる条約のうち、民事責任方式を採用し最も実効的に機能しているのが、タンカー事故による油汚染損害についての賠償責任を扱った条約制度である。この条約制度は、1967年のトリー・キャニオン号事故を契機にIMCOで作成された、1969年油汚染損害民事責任条約と1971年国際基金条約の2条約を基礎とする。その後、これら2条約は改正され（現行は両条約とも1992年の条約）、さらに2003年に追加基金条約が作成され、タンカー事故による油汚染損害は、これら3条約により最大で7億5,000万SDR（約1,272億円）が補償される。

この制度は、民事責任条約に基づき船主・海事保険業界が、基金条約に基づき石油業界が、損害について金銭的に負担するという仕組みであり、これまで150件以上のタンカー事故の損害の問題が扱われた。1997年に日本海で発生し日本に甚大な損害を与えたナホトカ号の事故も、この条約制度により被害者の救済が行われた。なお、この条約制度から米国が脱退したため、今日この条約制度に基づき最も資金を拠出しているのは日本の石油会社である。

【トリー・キャニオン号事故】 1967年3月18日、イギリス近海の公海上で、リベリア船籍のタンカー、トリー・キャニオン号が座礁した。原油が流出し、イギリス沿岸が汚染され、観光と漁業に大きな被害を生じたため、汚染の拡大防止のため、イギリス軍用機による爆破が行われたが、フランス海岸も汚染された。この事故により生じた物的損害は、イギリス600万ポンド、フランス290万ポンドとされる。両国政府とトリー・キャニオン号船主とが和解し、船主は、両国政府に防止措置費用として計300万ポンド、両国民間人に2万5000ポンドを用意することで、決着した。

【ナホトカ号事故】 1997年1月、日本海を航行中のロシア船のタンカー・ナホトカ号が島根県沖で事故を起こし（船長は死亡）、大量の重油が流出し1300kmもの広範囲にわたり日本海側の海岸に漂着し、多大な損害を与えた。上述の条約の定める補償の対象となり得る損害として約261億円と算定されたが、条約上の補償限度額の上限が231億円であり、本来なら按分され一律減額されるはずであった。しかし最終的に不足分をナホトカ号側が負担することとなり、補償対象被害の全額が支払われた。

5　他の主な基本原則

(1)　協力義務

環境保護・環境問題に対処するための国家間の協力義務および国際機構との協力義務は、1972年人間環境宣言第24原則・第25原則および1992年リオ宣言第27原則で確認されている。

国連海洋法条約は、第12部の197条以下で協力義務を明記しているほか、多くの規定で協力義務ないし国家間協力の意義を強調している（前文、国際海峡の汚染防止〈43条〉、海洋生物資源の保存〈EEZに関して61条(2)ほか、公海に関して117条ほか〉、閉鎖海環境保護〈123条〉）。国際裁判例において、「協力義務は、海洋法条約第12部と一般国際法に基づく、海洋環境の汚染の防止における基本原則である」ことが、繰り返し確認されている（2001年MOX工場事件ITLOS暫定措置命令、2003年ジョホール海峡事件ITLOS暫定措置命令、2015年西アフリカ漁業委員会事件ITLOS勧告的意見、2016年南シナ海事件仲裁裁判所判決）。

この協力義務にかかわる事例は多い。2000年のミナミマグロ事件仲裁裁判所判決（本案）は管轄権が否認された事案であるが、原告（オーストラリアとNZ）は日本の調査漁獲が61条等の定める協力義務に違反すると主張した。2014年の南極海捕鯨事件ICJ判決は、日本は国際捕鯨委員会（IWC）に協力する義務がありIWC勧告に妥当な考慮を払う義務があるとした上で、日本はそのような考慮を払わなかったと判示した。2016年南シナ海事件仲裁裁判所は、123条と197条に言及し、また過去のITLOSとICJの先例に言及して、「海洋の保護と保全の協力の重要性」を強調した。その上で、中国によるスプラトリー諸島における７礁の人工島建設計画に関して、123条と197条の協力義務の違反を認定した。協力義務の違反を認定した国際判決は、現在のところこれが唯一のものである。

こういった協力義務違反が争われる事案以外にも、協力義務は、暫定措置命令における具体的な措置の基礎となることも少なくない（2001年MOX工場事件

ITLOS暫定措置命令、2003年ジョホール海峡事件ITLOS暫定措置命令)。

(2) 事前通報・協議義務

国は、他国の環境に影響を及ぼす可能性のある自国内での事業活動を許可するに当たり、その潜在的影響国に事前に通報をし協議を行わなければならない。この事前通報・協議義務に関する重要な先例として、1957年ラヌー湖事件仲裁裁判所判決がよく引用されるが、1972年人間環境宣言はこの義務を定めた規定がなく、1992年リオ宣言第19原則で明記された。

海洋法の分野では、事前通報・協議義務の違反が争われた裁判事例はないが、暫定措置命令における具体的な措置の基礎として、上述の協力義務と併記して言及されることがある(2001年MOX工場事件ITLOS暫定措置命令、2003年ジョホール海峡事件ITLOS暫定措置命令)。

(3) 環境影響評価義務

環境影響評価は、1972年人間環境宣言第14原則・第15原則に類似したものが定められているが、1992年リオ宣言第17原則は明確にこの語を用いた。国連海洋法条約は、206条にこの義務を定めた。2011年深海底活動事件ITLOS勧告的意見は、「環境影響評価を行う義務は、海洋法条約上の直接義務であり、かつ、慣習国際法上の一般的義務である」、と判示した。

環境影響評価義務の違反が争われた海洋法関係の事例は、いくつかある。MOX工場事件では、原告(アイルランド)が、被告(英国)が事前の環境影響評価を行っていないことが国際法に違反すると主張したが、2001年ITLOS暫定措置命令はこの点について触れなかった。2016年南シナ海事件判決は、中国による人工島建設について、実行可能な限り環境影響評価を行い評価結果を報告する義務があるとした上で、中国が環境影響評価を行ったかどうかを確認することができないが、評価結果を報告していないとして、206条違反を認定した。

環境影響評価は、暫定措置として命じられることもある(2003年ジョホール海峡事件ITLOS暫定措置命令)。

(4) 持続可能な開発

持続可能な開発(sustainable development)は、今日の国際環境法の基本原則のうち最も根本的な原則であり、1992年リオ宣言第1原則と第4原則で明記されている。この原則について、1997年のガブチコヴォ・ナジマロシュ事件ICJ判決は、「経済開発を環境保護と調和させる必要性は、持続可能な開発という概念に適切に表現されている」、と述べる。

国連海洋法条約はこの語を用いてはいないが、とくに海洋生物資源の保存に関して、実質的に持続可能な開発の考えを採用している（たとえば、61条(3)。また、1946年国際捕鯨取締条約前文、1958年公海漁業資源保存条約2条、1995年国連公海漁業協定5条(a)(b)なども同じ）。海洋環境保護一般に関しても、国連海洋法条約は、この持続可能な開発の原則に即して解釈適用されることになろう。

(5)　共通だが差異ある責任

共通だが差異ある責任は、国際環境法規則の発展、適用および解釈において、途上国の特別の状況と必要性を優先すべきとする考えであり、上述の持続可能な開発の1要素に位置づけられる。これは実質的に1972年人間環境宣言第23原則で規定されているといえるが、この語それ自体が国際文書ではじめて用いられたのは、1992年リオ宣言第7原則である。

国連海洋法条約は、海洋の利用や海洋環境の保護・保全について、海洋先進国と途上国では差があることにかんがみ、開発途上国に若干有利な規定を設けている。たとえば、天然資源を開発する主権的権利を再確認する規定（193条）、開発途上国に対する科学的・技術的分野における援助（202条）、資金や技術、国際機関の専門的役務の利用における開発途上国に対する優先的待遇（203条）などである。

2011年深海底活動責任事件ITLOS勧告的意見は、「開発途上国の利益とニーズ」と題する項で、予防的アプローチの適用について途上国よりも先進国に厳しい基準が適用されるとしたが、他方、違法行為責任についてはその差異を肯定するような関連規定がないとして、先進国と途上国は区別されないことを明らかにした。

第3節　汚染源別の規制

国連海洋法条約は、以上の一般的義務を前提として、海洋汚染の種類を汚染源別に6つ（陸起因汚染、海底活動起因汚染、深海底活動起因汚染、投棄起因汚染、船船舶起因汚染および大気経由汚染）に分け、それぞれの汚染源について、規則の制定（第XII部第５節）と執行（同第６節）に分けて、詳細な規定を置いている。

以下、船舶起因汚染、投棄起因汚染、およびその他の汚染源に分けて、規則制定と執行について説明する。

1　船舶起因汚染

(1)　国連海洋法条約

海洋法条約は、すべての国に対し船舶からの海洋汚染を防止・規制するため「国際的な規則及び基準」を定める義務を課している（211条(1)）。そして具体的に旗国に対して船舶からの汚染を防止するため、権限ある国際機関や外交会議で一般的に認められている国際的規則・基準と同等に効果のある国内法令の制定義務を課している（同条(2)）。国内法令は、国際的な規則・基準を下回ることは許されない。

まず、旗国についてであるが、条約は、違反場所を問わず上述のようにして制定された規則が効果的に執行されるよう必要な手段をとることを義務づけている（217条(1)）。こうした点で、船舶に対する旗国の管轄権が強化されている。

つぎに、寄港国であるが、船舶が自国の港などにある国（寄港国）は、権限ある国際機関や外交会議で定められ適用される国際的規則・基準に違反して船舶からの排出で、寄港国の内水、領海または排他的経済水域の外で生じたものについて調査でき、条件付きながら手続を開始できる（218条(1)）。このように、寄港国の管轄権行使は、旗国の管轄権を補完するかたちになっている。公海上の排出違反については、関係国の要請や寄港国に対する侵害がなくとも、執行手続を開始できる。こうした特徴から、寄港国管轄権は、普遍的管轄権と同様に、国際的管轄権の寄港国による分担実施といった性格を持つといわれる。

最後に、沿岸国に関しては、海洋法条約は、執行措置の対象となる外国船舶の所在地や航行海域を基準として、次のように沿岸国管轄権の行使を分類している。第１に、沿岸国は、船舶による違反が領海または排他的経済水域内で生じたときに、船舶が自国の港などにいれば、自国法令違反について手続を開始できる（220条(1)）。第２に、沿岸国は、領海を航行中の船舶について自国法令違反が領海通航中に発生したと信じる理由がある場合、船舶の物理的検査を行い、証拠に基づき手続（船舶の抑留を含む）を開始できる（同条(2)）。第３に、沿岸国は、船舶が領海または排他的経済水域を航行中に排他的経済水域内で自国法令違反が発生したと信じる理由がある場合でも、違反船舶に対し必要な情報（船舶の識別、船籍港、寄港地に関する情報と違反確定のため必要なその他の関連情報）の提供を要請できるにとどまる（220条(3)）。以上のように、海洋法条約上船舶の違反に対する沿岸国管轄権は限定的であるといえよう。

(2)　MARPOL 条約

船舶起因汚染の問題を規律する最も重要な一般条約は、1973年船舶海洋汚染防止条約（MARPOL 条約）である。

上述の1954年海水油濁防止条約は、旗国主義を柱にして油や油性混合物の船舶から海洋への排出を禁止し、その違反については船長と船舶所有者の刑事責任を旗国が追及することにより汚染を防止することが図られた。同条約は何度か改正され、そのたびに適用範囲が拡大され、規制が強化された。とくにタンカーについて1962年改正で総トン数150トン以上に、排出禁止区域も最も近い陸地から50カイリ以内まで広げ、69年改正では適用範囲を公海の全領域に拡大した。しかし、各締約国は違反事実を確認し証拠を旗国に通報できるだけで、起訴や処罰は旗国に委ねられていた。

1973年の MARPOL 条約は、油濁汚染だけでなく、ごみ、汚水など、油類以外の有害物質の排出から生ずる海洋汚染が規制の対象に追加された。これに呼応して、わが国も関係国内法の改正を行った。同条約については、条約本文の採択以降、2000年までに６つの附属書が作成され、新たな必要性や規制強化に対応している。その附属書は、下記である。

・附属書Ⅰ：油による汚染防止規則
・附属書Ⅱ：ばら積み有害液体物質汚染規制規則
・附属書Ⅲ：海上輸送有害物質汚染防止規則
・附属書Ⅳ：船舶汚水汚染防止規則
・附属書Ⅴ：船舶廃物汚染防止規則
・附属書Ⅵ（1997年作成）：船舶大気汚染防止規則

この MARPOL 条約の特徴として、特に、検査・証書制度と寄港国管理（port State control）の仕組みを取り入れたことがあげられよう。これらは、締約国籍を有する船舶は、条約の定める排出基準・船体構造基準を満たしたことの検査を受けなければならず、締約国から発行された証書がない限りいずれの締約国にも入港できない、とするものである。寄港国は、外国船舶に対し調査と処罰の権限を有する。MARPOL 条約は、上述のような問題を抱える旗国主義を部分的に克服した、ということができる。

2　投棄起因汚染

(1)　経緯

海洋投棄は、排出と並ぶ主要な海洋汚染源であるので、海洋法条約作成に至る過程から始めよう。1958年の公海条約の作成に当たっては、放射性廃棄物の投棄をめぐって、公海使用の自由の原則の解釈として投棄の無条件禁止の案と、放射性物質の投棄に適当な規制を諸国が行うとする案とが対立した。妥協として25条が成立した。この時点で、投棄規制は放射性廃棄物などのみで、他の物質は野放し状態であった。

海洋投棄の規制に関する国際的な取組みが本格的に始まったのは、1970年代である。最初の海洋投棄の規制に関する国際的な規範は、1972年に国連人間環境会議の準備過程でアメリカの提出した条約案が審議され、会議後に締結された1972年の海洋投棄規制条約（ロンドン条約）である。以下、まず国連海洋法条約の基本枠組みについて述べ、つぎにロンドン条約について説明する。

(2)　国連海洋法条約

海洋法条約は、適用のある規則の制定に関して、すべての国について国際基準と同様の効果を持つ国内法令の制定義務を定める（210条(1)・(6)）。執行について、自国の領海、排他的経済水域、大陸棚への投棄については沿岸国が、自国の船舶については旗国が、執行義務を負うとする（216条(1)）。

(3)　ロンドン条約

1972年のロンドン条約は、海洋「投棄」を船舶、航空機からの廃棄物の故意の処分と定義した（3条(1)）。そして投棄される物質の毒性によって3つのカテゴリーに分けて、それぞれ異なる措置を規定する。つまり、附属書Ⅰ物質（ブラックリスト）を全面禁止とし、附属書Ⅱ物質（グレイリスト）を締約国の特別許可、附属書Ⅲ物質（ホワイトリスト）は締約国による一般許可としている。

なお、放射性廃棄物・物質については、当初の規定では、高レベル放射性廃棄物・物質の投棄のみが禁止とされたが、1993年改正で、低レベル放射性廃棄物・物質（それ以前は特別許可）についても全面禁止となった。この改正は、1993年10月にロシアが日本海で原子力潜水艦の原子炉冷却水を投棄した事件が発生したことを受けてのことである。

1996年に採択された議定書は、予防的アプローチを導入するほか（３条(1)）、従来の附属書の定める海洋投棄禁止（４条(1)）を前提として一定物質の投棄を認める（附属書Ⅰ）リバースリスト方式を採用するなど内容において大きな変更をもたらすものである。また、海洋汚染防止において、汚染者負担の原則が定められている（３条(2)）。

ロンドン条約と並行して、海洋投棄について多くの地域的な規制がなされている。北東大西洋海域では、1972年にオスロ条約が採択された（のちに、1992年 OSPAR 条約）。バルト海に関しては、1976年に議定書が締結されている。

3　排出と投棄以外の汚染源による汚染の防止

投棄以外の汚染源についても同様に、規則制定と執行に分けて、陸起因汚染（207条、213条）、海底活動起因汚染（208条、214条）、大気経由汚染（212条、222条）が規定されている。これらの規定が前述の排出による汚染防止に比べて詳細でないのは、海洋汚染の約８割が領域内起因であり国内問題でもあるので、従来ほとんど国際的に規制されなかったためであろう。地域的海洋環境保護条約との関連で、紅海・アデン湾に関して1989年議定書、地中海に関して1994年議定書などがあるにとどまる。

最後に、深海底の活動からの汚染（209条、215条）については、これらの規定が明記するように、第11部の規定に委ねている。実際には、国際海底機構が145条の規則制定権に基づきいくつかの規則を制定し（上述の鉱業規則のほか、2013年環境影響評価指針など）、これにより汚染防止が図られている。また、2011年深海底活動責任事件 ITLOS 勧告的意見は、これらの規則を含め、深海底活動による汚染を防止するための規則を具体的に包括的に明らかにした（第８章参照）。

第4節　特別の海域における海洋環境の保護・保全

1　特別の海域の保護

海洋法条約は、通常の海域とは異なる特別の海域や生態系に言及している。つまり、希少かつ脆弱な生態系および絶滅のおそれのある海洋生物である（194条(5)）。

まず、特別敏感海域（Particularly Sensitive Sea Area, PSSA）が注目され、国際海事機関（IMO）を中心に規則の策定が行われている。PSSAは、生態学的、社会経済的、または科学的理由からその重要性が認められかつ海洋の国際活動で影響を受けやすい脆弱性があるため、IMOにより特別の保護を必要とする海域と認定される。

【海洋保護区】　この保護区には、国際法上統一された定義はまだない。概念としては、特別の海域に設定される種々の名称の保護区の総称であって、たとえば海洋公園のほか、自然保護、漁業保護、野生動物保護、自然生態系保護など、多様性が特徴である。海洋保護区を直接規律する一般条約は存在しない。海洋保護区の主張は、1つ軍事演習の自由を例にとってみても、従来の海洋自由の思想に根本的な転換を迫るものとして、今後の海洋管理のあり方に一石を投じるものといえよう。なお、2015年チャゴス群島海洋保護区事件附属書Ⅶ仲裁裁判所判決は、海洋環境を保護するためであっても、194条4項の定めるように他国の活動への不当な干渉は禁止されるとして、被告（イギリス）による海洋保護区の設定は国連海洋法条約に違反すると判示した。

2　地域的な海洋環境の保護

海洋法条約は、世界的基礎または地域的基礎により国際機関を通じるなどして海洋環境の保護・保全のため協力するよう求めている（197条）。海洋汚染に関しては、従来より3つのレベル、世界的、地域的および国別の行動がとられるべきであると認識されている。人間環境宣言第25原則も、「各国は、環境の保護及び改善のために、国際機関が調和のとれた、能率的で力強い役割を果たすことを確保するものとする。」と定めている。

実際に、地域的な海域の環境の保護・保全を目的とする条約が結ばれている。たとえば、バルト海（1974年、1992年に新条約）、地中海（1976年、2004年に新条約）、ペルシャ湾（1978年）、西アフリカ（1981年）、南東太平洋（1981年）、紅海・アデン湾（1982年）、カリブ海（1983年）、黒海（1992年）、北東太平洋・北海（1992年〈OSPAR条約〉）などである。これらの条約は、対象とする地域的な海域に密接な関係を持つ関係国の多様な利害を調整し、協力の促進を目的としている。

3　氷結水域

条約234条は、各国の排他的経済水域内に氷結水域（厳しい気象条件や氷の存在が航行の危険となり、また海洋汚染が著しい害や回復不能な障害をもたらすおそれのある区域）がある場合、沿岸国は、妥当な考慮を払って、汚染防止のため差別のない法令を制定し、執行する権利を有すると定めた。この規定は、1970年のカナダ北極海汚染防止法に範をとったものである。

ところで、近年、地球温暖化という条約作成時には全く考えられていなかった事態が出来（しゅったい）し、それによって北極の氷が溶け、北極を通ってのヨーロッパとアジアを結ぶ航路や北極海の海底資源開発が可能になり、海洋汚染の発生と広がりが危惧されている。こういった状況から、船舶による海洋汚染を規制する権限を有する国は、北極海は氷結水域であるから沿岸国であるという立場（カナダ）と、氷結水域でないから一般規則に従い旗国であるという立場（米国）が対立している。

地域的機関として、当初は1991年に北極海に面している８か国をメンバーとして発足した北極圏環境保護戦略（AEPS）が、その後は1996年にこれが改組された北極評議会（Arctic Council）が、北極海の環境保護にかかわっている。日本はそのオブザーバー国である。

4　国家管轄権外区域の海洋生物多様性（BBNJ）

海底でのさまざまな調査が実施される過程で、多くの生物が海底に生息していることが確認された。それらは新たな遺伝資源を有する可能性があるとともに、環境の変化に非常に脆弱であることが認められた。したがって、そのような生物多様性をいかに保全するのかが2004年ころから国連を中心に議論されるようになった。

2015年に国連総会は国家管轄権外区域の海洋生物多様性に関する新たな協定を国連海洋法条約の下で策定することを決め、準備委員会の作業を経て、2018から政府間会議が開かれた。その政府間会議の議論の結果、2023年に国家管轄権外区域の海洋生物多様性の保全及び持続的利用に関する協定（BBNJ 協定）が採択された。

この協定は、国家管轄権外区域の海洋生物多様性の保全および持続的利用を確保することを目的とし（2条)、また、指針として上述のいくつかの国際環境法の基本原則（汚染者負担原則、予防原則、国際協力など）を明記した（7条、8条)。海洋遺伝資源については、すべての締約国と締約国管轄下にある自然人・法人に、国家管轄権外区域の海洋遺伝資源とそのデジタル配列情報に関連する活動を認めつつ（11条(1))、これらの活動から生じる利益はこの協定に従い公正かつ衡平な方法で配分されることとした（14条(1)。この「公正かつ衡平な配分」について1992年生物多様性条約1条参照)。また、海洋環境の保護を図るため、海洋保護区（17条以下）と環境影響評価（27条以下）について詳細な規定を置いた。

第12章　紛争解決

第1節　紛争の平和的解決制度と海洋法

「国際法の父」と呼ばれるグロティウスが『自由海論』を書いたのは、1603年にオランダ東インド会社の船がマラッカ海峡でポルトガルの商船カタリナ号を捕獲した事件で、同社の依頼を受けて捕獲を弁護するためであった。この若き弁護士が書いた著書は、その後公海自由の原則に理論的裏づけを与えた。彼が1625年に著した『戦争と平和の法』は体系的な国際法学の先がけとなったが、それ以前から船舶をめぐる紛争は多発しており、グロティウスも深くかかわっていたことに因縁めいたものが感じられる。それ以来、国際法と海洋法は、不即不離の発展の跡をたどった。

紛争解決の歴史をさかのぼれば、1899年ハーグで第1回平和会議が開かれ、国際紛争平和的処理条約が結ばれた（1907年第2回平和会議で改正）。この条約は、周旋、居中調停、審査など国際紛争を平和的に解決するための諸手続を定めた。なかでも、主権者間の紛争を裁判によって解決するという新しい制度として仲裁裁判を促進するために、ハーグに常設仲裁裁判所（Permanent Court of Arbitration）が設立され、常設的仲裁機関として今なお存続している。

第1次世界大戦は、新兵器の発明などにより市民を巻き込んで世界的規模で悲惨な戦争となり、その反省から1920年に最初の世界平和機構として国際連盟が設立された。その設立条約である国際連盟規約により国際紛争の平和的解決が1つの原則として規定され、最初の常設的な司法機関として常設国際司法裁判所（Permanent Court of International Justice）がハーグに設立された。

そして、第2次世界大戦後の1945年、国際連盟を改善した新たな平和機構として国際連合が設立された。同憲章2条3項は国際紛争の平和的解決義務を基本原則の１つとして規定し、33条１項は、紛争の当事者が、「まず第一に、交渉、審査、仲介、調停、仲裁裁判、司法的解決、地域的機関又は地域的取極の利用その他当事者が選ぶ平和的手段による解決を求めなければならない」と規定している。そして、国連の主要機関として国際司法裁判所が常設国際司法裁判所の後継機関として同じくハーグに設立された。

常設国際司法裁判所が最初に処理したのはウインブルドン号事件で、キール国際運河の通航権と中立義務の関係が争点になった。また、国際司法裁判所が最初に取り扱ったコルフ海峡事件では、国際海峡の通航権が争点の１つとなった。いずれも最初の事件が船舶の航行に関する紛争であったのは偶然にしても、グロティウスの時代から今日まで船舶の航行にかかわる問題が国際紛争の主要な争点であったことを示している。

第２節　海洋紛争の平和的解決

1　紛争解決手続と機関の多様化

国際社会には、国際司法裁判所のほかにも、さまざまな国際機関が設けられ、紛争の平和的解決のために機能している。戦争犯罪等を処罰するために設立され、2003年３月に発足した国際刑事裁判所がある。また、経済的紛争を処理するために、世界貿易機関の下に裁判機関に似た紛争解決の手続が設けられている。これらの世界的な裁判機関以外にも、多数の地域的または機能的な司法機関ないし準司法機関が、常設的または事件ごとに設立されている。

このほか、多数の国際機構の組織内で行政裁判などの司法的機能を持つ機関まで含めると、その数は100以上にのぼる。さらに、公式または非公式に提案されている国際環境裁判所や国際人権裁判所などの世界的な常設司法機関が設立されるならば、その数はなおいっそう増えるであろう。このような各種の国際司法機関も、結局広い意味で国際紛争の平和的解決を目的としている。海洋法条約の紛争解決制度も、その１つとして国際平和の維持に寄与している。すなわち、ここで取り扱う紛争解決は、海洋法の一部門であると同時に、紛争の平和的解決手続のなかにも位置づけられるのである。

2　海洋法条約と紛争解決手続

(1)　紛争解決手続の枠組み

1958年の海洋法４条約は、海洋に関する諸規則を集成した法典であったが、大きな欠点があった。すなわち、条約規定は多くの国際紛争にかかわる内容を持っているのだが、それを適用する手続は、条約外の紛争解決制度に委ねられていて実効性に不安が残った。

そこで、海洋法条約は、適用されるべき海洋法の規定とともに、その適用を確保するための紛争解決制度を設けた。また、海洋法条約は対立を回避し合意を実現するために立場を確定しない抽象的な規定を多く含めたため、海洋法条約の規定について有権的な解釈を示す裁判機関が必要となった。

海洋法条約が想定する「紛争」は、かなり広い範囲に及ぶ。いくつかの紛争には、海洋法条約の規定の解釈と適用に関連するが、裁判の対象とならない政治的要素が主な要素であるものもある。そのような紛争は、裁判より外交交渉、仲介、調停によって解決するのが適当であろう。海洋法条約では、こうした政治的紛争にかかわる規定が散見され、確定的規則を示さず、実質の決定を当事者の合意または裁量に委ねている。したがって、海洋の紛争解決制度については、裁判以外の手続を併せて検討する必要があるけれども、ここでは海洋法条約のなかに設けられた紛争解決手続に限ることにする。

海洋法条約は、第XV部を中心に綿密な紛争解決制度を規定する。その第１の特徴は、紛争の対象の種類に応じてさまざまな規定を設けていることである。海洋紛争一般については第XV部（279から299条）が適用されるが、深海底区域の紛争については第XI部第５節（186から191条）が、科学的調査については第XIII部第６節（264条）が適用される。第XV部でも、紛争事項の性質に応じて異なる取扱いを規定する。

第２の特徴は、任意的手続と強制的手続の組合せである。任意的手続は、締約国は平和的手段によって紛争を解決する義務を負い、国連憲章33条１項に示す手段による解決を求める（279条）。紛争当事国が解決手段について合意する場合には、その合意に基づく任意的手続が優先する（280条）。第XV部に定める強制的手続は、当事国が選んだ平和的手段によって解決が得られず、かつ、当事国間で新たな手続の可能性が排除されないときに限って適用される（281条(1)）。

したがって、当事国間で外交交渉または協議が継続されている間は、強制的手続をとることができない。一方的付託を行う当事国は、当該手続によって解決が得られなかったことを立証しなければならない。2000年のミナミマグロ事件附属書Ⅶ仲裁裁判所判決は、原告が1993年みなみまぐろ保存条約の定める紛争解決手続を尽くしていないとして本案の審理を行わなかった。

第3の特徴は、強制的手続についてはさまざまな仕組みが設けられているが、基本的には紛争当事国の選択的宣言に依存しており、裁判所の強制的管轄権は制限されている。また、適用除外などのセーフガード規定が随所に設けられており、紛争解決の実効性という点では、徹底した強制的制度とはいいがたい。

海洋法条約は、任意的手続の1つとして調停手続を設けている（284条、附属書Ⅴ）。紛争当事国の一方が他の紛争当事国に対して調停に付すことを要請して、受諾されれば調停手続に付することができる。調停は、調停委員会の勧告によって行われるが、拘束力を有しない。この例はこれまで1件ある（2018年ティモール海事件調停委員会勧告）。

⑵ 強制的手続

これらの手続をとった後も紛争が解決されない場合、海洋法条約に規定する強制的手続（第XV部第2節）が用いられる。強制的手続とは、いずれかの紛争当事国の一方的な要請によって手続が始められることをいう。

強制的手続は、国際海洋法裁判所、国際司法裁判所、附属書Ⅶ仲裁裁判所、または附属書Ⅷ特別仲裁裁判所の管轄権を受諾する宣言に基づいて成立する。国際海洋法裁判所（以下、海洋法裁判所）は、海洋法の分野で有能と認められた21名の裁判官からなる常設裁判所である（後述）。附属書Ⅶ仲裁裁判所は、5人の仲裁人で構成される（附属書Ⅶ、3条⒜）。仲裁人は、あらかじめ各締約国が4名以内で指名した海洋問題の専門家からなる仲裁人名簿から選出することが望ましい（同2条、3条⒝）。附属書Ⅷ特別仲裁裁判所は、5人の特別仲裁人で構成される（附属書Ⅷ、3条⒜）。特別仲裁人は、漁業、海洋環境保護および科学的調査の各分野について、あらかじめ各締約国が2名以内で指名した専門家からなる特別仲裁人名簿から選出することが望ましい（同2条、3条⒝）。特別仲裁裁判所の管轄事項は、漁業、海洋環境の保護および保全、海洋の科学的調査、または航行（船舶からの汚染および投棄による汚染を含む）に係る紛争の仲裁に限られている（287条(1)(d)）。これらのうち実際によく利用されているのは、海洋法裁判所と附属書Ⅶ仲裁裁判所である。

強制的手続は、条約当事国があらかじめ宣言することにより、紛争の種類によって裁判所を指定しておき、裁判所の管轄権は原告国と被告国双方の宣言の相互主義によって成立する（287条）。相互主義に基づく選択的手続が成立しない場合には、附属書Ⅶの仲裁手続が適用される（287条(5)）。すなわち、受諾宣言によって他の手続が成立しない場合、最終的手段として仲裁裁判に付することができるという点で、仲裁裁判がいわば義務的手続として確保されていることになる。実際に附属書Ⅶ仲裁手続が利用された事例は多い。なお、当初は附属書Ⅶ仲裁裁判所に付託された事件であっても、のちに当事国の合意で海洋法裁判所に改めて付託されるケースも少なくない（後述第４節**1**(1)ⅱ)参照）。

対象となる紛争は、「海洋法条約の解釈又は適用に関する紛争」に限られている。ただし、海洋法に関係のある条約の解釈または適用に関する紛争で、当該条約の規定に従って付託されるものについても、適用される。

主権的権利または沿岸国の管轄権行使についての海洋法条約の解釈または適用に関する紛争は、排他的経済水域における航行、上空飛行もしくは海底電線、パイプラインの敷設の自由などに関連する場合、または科学的調査・漁業に関連する場合に、強制的手続が適用される（297条）。ただし、排他的経済水域および大陸棚における科学的調査について、沿岸国の権利または裁量の行使から生ずる紛争または排他的経済水域における沿岸国の主権的権利に関する紛争は除外される。

境界画定紛争、歴史的湾もしくは歴史的権限に関する紛争、軍事的活動に関する紛争などは、強制的手続から除外することをあらかじめ宣言することができる（298条。後述、選択的除外宣言）。2019年に海洋法裁判所に暫定措置が要請されたウクライナ軍艦抑留事件（ウクライナ対ロシア）では、両当事国がこの298条１項(b)に基づき「軍事的活動」に関する紛争を裁判所の管轄権から除外しており、当該紛争がこれに該当するかどうかが争われた。

海洋の科学的調査、排他的経済水域の漁業権行使、境界画定など特定の種類の紛争については、附属書Ｖ第２節に定める強制調停の手続に付される。この目的で調停委員会が事件ごとに設置される。調停委員会は、付託された紛争について勧告を行うが、沿岸国の裁量の行使について審理してはならない（297条(2)(b)など）。この規定は、調停委員会が、沿岸国による裁量権行使の逸脱または踰越の申立てを取り扱うことができないという意味と思われるが、そうすると申し立てられた行為は沿岸国の裁量の範囲内であったと沿岸国が抗弁すれば、調停委員会はこの規定に従って当該抗弁を審理することなく、調停手続を中止しなければならないのかという問題がある。紛争当事国は、調停委員会の報告に基づいて交渉を行う義務を負うが、交渉によって合意に至らない場合は、相互の「同意」によって第2節の強制的手続に付託する。

(3) 手続の選択宣言

(2)で述べたように、強制手続を受諾する加盟国は、署名、批准、加入またはその後いつでも、この条約の解釈または適用に関する紛争について管轄権を有する裁判所の選択的受諾宣言を行うことができる（287条）。逆に、297条は、いくつかの紛争について強制的手続の適用を制限または除外する。また、298条は、加盟国が宣言することによって、海洋の境界画定に関する紛争などについて強制的手続を受け入れないことを宣言することができる旨定める。

速やかな釈放の問題（292条、後述）は、別段の合意がなければ、287条に基づいて宣言した裁判所または海洋法裁判所に付託する旨規定しているが、これに対していくつかの国があらかじめ特定の裁判所を指定している。

このように、海洋法条約は個々の種類の紛争について管轄権を受け入れたり拒否したりする複雑な制度を設けている。実際の慣行においては事前に宣言をしない国、複数の手段を組み合わせている国、特定の裁判所を指定または排除している国などさまざまである。そして、多くの国が選択的宣言を行っている。宣言の内容にはさまざまなパターンが見られるが、なかには海洋問題とは直接関係のない政治的な動機が作用していると思われる例も見られる。たとえば、国際司法裁判所の所在地があるオランダと海洋法裁判所の所在地があるドイツは、おのおの自国に置かれた裁判所を優先的に選択している。また、多くの選択的除外の宣言も見られる。たとえばチュニジア、アルゼンチン、フランスなどは、選択的除外が可能なものはすべて除外しているし、キューバ、ギニア・ビサウなどは明示的に国際司法裁判所を排除している。その他の宣言にも、詳細にわたる選択的除外の例が見られる。

(4) 深海底に関する紛争の解決

深海底の活動に関する紛争については、第XV部とは別に、第XI部第5節の紛争解決制度が適用される。すなわち、第XI部の解釈または適用に関する締約国間の紛争、国際海底機構の管轄権または権限の行使に関する締約国と機構の間の紛争、探査および開発に関する契約または業務計画の解釈または適用に関する紛争などは、海洋法裁判所の海底紛争裁判部に付託される。海底紛争裁判部は、海洋法裁判所裁判官によって互選される11名の裁判官からなる。

紛争当事者の要請がある場合には、締約国間で生じる条約の解釈適用に関する紛争について海洋法裁判所の特別裁判部（紛争当事国の同意を得て選ばれる3名以上の裁判官からなる）、または海底紛争裁判部臨時裁判部（特別裁判部と同様に海底紛争裁判部によって選ばれる3名の裁判官からなる）に付託される。

契約の解釈または適用に関する国際機構、締約国および契約者間の紛争は、別段の合意がない限り、拘束力のある商事仲裁に付託される。しかし、商事仲裁は、条約の解釈にかかわる紛争には管轄権がない。また、深海底における活動に関して、第XI部または関連附属書の解釈の問題を含む紛争は、海底紛争裁判部に付託される。ただし、海底紛争裁判部は、国際海底機構の裁量権の行使および機構が定めた規則および手続について、判断を示す管轄権を有しない。

このように、第XI部の紛争解決が別個に設けられている理由は、条約の交渉過程で第XI部に相当する部分（単一草案第1部）が先につくられたため、および開発企業・機構といった非国家の法主体を紛争当事者に加える必要があったためである。もっとも、第XI部が適用される深海底活動は、探査に関する業務計画が提出され審査が行われている段階であり、これらの規定が想定するような紛争は、当分起こりそうにない（鉱区配分はすでに行われている）。

海洋法条約は、これとは別に、この海底紛争裁判部が、国際海底機構からの要請に応じて勧告的意見を与える権限を明記した（191条）。同裁判部は、この規定に基づき、2011年に勧告的意見を与えている。

このように、海洋法条約の紛争の平和的解決に関する条項が詳しく制度化され、しかも拘束力のある決定を最終的に受け入れる義務を規定しているのは、従来の多くの条約がこれを単なる選択条項として規定しているのに比べてきわめて対照的で、海洋法条約の１つの特徴といえる。のみならず、上述のように、海洋法条約は海洋紛争を平和的に解決するための新たな常設的司法機関として海洋法裁判所を設立している。これは、国連の下で設立された２つ目の世界的な裁判機関である。

第３節　国際海洋法裁判所

1　構成

海洋法裁判所は、「公平であり及び誠実であることについて最高水準の評価を得ており、かつ、海洋法の分野において有能の名のある者のうちから選挙される21人の独立の裁判官の一団で構成」される。裁判官は海洋法条約締約国会議において９年の任期で選出される。（附属書Ⅵ　国際海洋法裁判所規程２条(1))、その所在地は、ドイツの自由ハンザ都市ハンブルグである。

裁判官の選挙においては、「世界の主要な法体系が代表されること及び裁判官の配分が地理的に衡平に行われること」を確保しなければならない（同２条(2))。この地理的な配分の原則に基づき、国連総会において確立している５つの地理的グループから、それぞれ３人以上の裁判官が含まれることとなっており、具体的な配分は、アフリカ地域５人、アジア地域５人、カリブを含む中南米地域４人、東欧・ロシア地域３人、西欧その他地域４人となっている。

なお、海洋法裁判所には、上述のように常設の海底紛争裁判部が置かれる（同14、35条）ほか、いくつかの特別裁判部が置かれることが認められている（同15条(1)・(3))。実際に設置されたのは、漁業紛争裁判部、海洋環境紛争裁判部、海洋境界画定裁判部および簡易手続裁判部であるが、いずれも現在まで利用されたことがない。他方、紛争当事者の要請により設置される特別裁判部（同15条(2)）の例は、いくつかある（後述第４節**1**(6)ii)参照)。

2　手続の選択

すでに見たように、いずれの国も海洋法条約の解釈または適用に関する紛争解決のため、上述４裁判所のうち１つまたは２以上を自由に選択することができる。紛争の当事者がいずれの裁判所を選ぶかという問題については、1996年に海洋法裁判所が発足した前後に研究者の間で真摯に議論された。複数の国際司法機関の出現を「拡散」と表現したり、その選択過程をフォーラム・ショッピングと見たり、また同一争点に異なる結論が出される可能性を国際法の「断片化（fragmentation）」につながると批判されることもあった。

しかし、争点が全く同じ紛争を各当事者が別のフォーラムに付託するという事態は、条約解釈上可能ではあっても、今のところ現実性は乏しい。また、複数の司法機関が同一の争点について異なる判決を出すことがあれば国際法の普遍性を揺るがすことになるが、これは仮想的な議論であり、速断を避ける必要がある。2011年に附属書Ⅶ仲裁裁判所などの複数の国際裁判所に付託されたMOX工場事件は、フォーラム・ショッピングの例といわれることもあるが、厳密には同一の争点が扱われたわけではない。既存の司法機関の確立された判例法（jurisprudence）の研究と、それぞれの新設司法機関の判例の集積とその判例法の成熟を待って、それに基づいて評価すべきであろう。実際のところ、海洋法裁判所も附属書Ⅶ仲裁裁判所も、過去の裁判例を多く参照してこれらとの整合性と一貫性に腐心して判断を行っており（2012年ベンガル湾海洋境界画定事件海洋法裁判所判決、2016年南シナ海事件附属書Ⅶ仲裁裁判所判決など）、そういった点にも目を向けるべきである。

3　管轄権

国際司法機関の管轄権は、伝統的に訴訟当事者の資格に基づく人的管轄権（ratione personae）と、付託する紛争の内容に基づく事項的管轄権（ratione materiae）に分けられるが、海洋法裁判所の管轄権は、つぎのように規定されている。

まず、人的管轄権に関しては、裁判所は、海洋法条約の締約国に開放されているだけでなく、一定の事件については、締約国以外の主体にも開放されている（海洋法裁判所規程20条）。すなわち、条約第Ⅺ部に明示的に規定する事件について、または裁判所に管轄権を付与するほかの取決めに従って付託され、かつ、当該事件のすべての当事者が裁判所の管轄権を受け入れる事件については、国家以外の主体も当事者となることができる。

ここで、締約国以外の主体とは、第１に、海洋法条約305条１項(b)～(f)に規定されている国連ナミビア理事会によって代表されるナミビア、他国と提携している自治国、その他の特定自治国、特定自治地域、および附属書Ⅸに規定されている国際機関を指す。このうち、上記(b)～(e)に該当するナミビア、クック諸島、マーシャル諸島、ミクロネシア、パプア・ニューギニア、スリナムなどは、その後独立して海洋法条約の締約国になっているので、今日では、ニュージーランドの自治領ニウエだけが唯一の「締約国以外の主体」になっている。附属書Ⅸに規定する国際機関（その構成国が海洋法条約によって規律される事項に関する権限を委譲したもの）としては、欧州連合（EU）のみがこのような主体に該当する。EUが当事国としてかかわった事件として、2000年に付託されたメカジキ事件（対チリ）がある（のちに取り下げ）。

締約国以外の主体には、以下のほかに、深海底資源開発に関する条項に規定されている国際海底機構、企業および私人を含む深海底資源開発契約の当事者、1995年の公海漁業実施協定（1条(3)）に規定されている漁業主体（fishing entities）などが含まれる。

以下のような広範囲にわたる人的管轄権は、国家のみを訴訟の当事者とする国際司法裁判所の場合とはきわめて対照的であり、国際裁判の請求主体たる当事者適格として国際法上の個人の主体性が認められた例として注目に値する。海洋法裁判所がその人的管轄権においてこのように広く開放されているのは、常設の国際司法機関としてはじめてのことであり、1958年のジュネーブ海洋法4条約に対する義務的紛争解決選択議定書などの例に比べてまさに飛躍的な進展であるといえよう。

つぎに海洋法裁判所の事項的管轄権は、つぎのものに及ぶ（海洋法条約288条、海洋法裁判所規程21条）。

① 同条約に従って裁判所に付託されるすべての紛争

② 同条約に従って裁判所に対して行われるすべての申立て

③ 同条約以外の国際取決めに従って裁判所に管轄権が付与されているすべての事項

このように、海洋法裁判所の事項的管轄権は、形式上かなり広い範囲をカバーしている。しかし、多くの紛争について強制的手続に付すことから自動的に除外されるか、または当事国が選択的に制限・除外できることが詳細に規定されていることに注意しなければならない。

4　国際海洋法裁判所における特徴的な裁判手続

1996年に海洋法裁判所が設立されてから2023年5月末までに同裁判所に付託された事件は、32件ある。そのうち暫定措置に関するものが12件（実質11件）、速やかな釈放に関するものが10件ある。このことからわかるように、暫定措置と速やかな釈放の手続は、海洋法裁判所の特徴となっている。また、海洋法裁判所は、これまで2件の勧告的意見を示したが、これについても国際司法裁判所とは異なる顕著な特徴が見られる。ここでは、これら3つの裁判手続について、少し詳しく説明しておきたい。

(1)　暫定措置

海洋法裁判所または仲裁裁判所は、紛争が付託され、当該裁判所が管轄権を有すると推定される場合には、紛争の終局裁判を行うまでの間、状況に応じて暫定措置を定めることができる。この措置は、紛争当事者のそれぞれの権利を保全し、または海洋環境に対して生ずる重大な害を防止するため、適当と認めるものである（海洋法条約290条(1)）。暫定措置は通例として当事者の権利保全のために行われるが、海洋環境に対する「害」が明示されたことは新しい。海洋環境に対する害を理由として海洋法裁判所が暫定措置を指示した例として、1999年ミナミマグロ事件と2003年ジョホール海峡埋立事件がある。

紛争当事者は、そのようにして「定められた」暫定措置に速やかに従わなければならない（同条(6)）。すなわち、海洋法条約における暫定措置は法的拘束力を持つものであることが明らかにされている。国際司法裁判所規程は、裁判所が「各当事者のそれぞれの権利を保全するためにとられるべき暫定措置を指示する権限を有する」と簡単に規定している（41条(1)）が、海洋法条約は、暫定措置の拘束力を明示的に規定している。なお、紛争が附属書Ⅶ仲裁裁判所に付託された場合、同裁判所が構成されるまでの間、紛争当事者が合意する裁判所または暫定措置の要請が行われた日から2週間以内に合意しない場合には海洋法裁判所もしくは海底紛争裁判部（深海底の紛争に関して）は、「事態の緊急性」により必要と認める場合には、暫定措置を定め、修正しまたは取り消すことができる。また紛争が付託された仲裁裁判所が構成された後は、同裁判所は、そのような暫定措置を修正し、取り消しまたは維持することができる（海洋法条約290条(5)）。つまり、国際司法裁判所と異なり、本案が付託される裁判所と暫定措置要請が付託される裁判所が異なる状況が、条文上想定されている。実際のところ、290条5項に基づき海洋法裁判所に暫定措置要請が付託された事件は、290条1項に基づき海洋法裁判所に付託された事件より、はるかに多い（後述第4節**1**(3)参照）。

(2) 船舶と乗組員の速やかな釈放

海洋法条約は、締約国の当局が他の締約国の船舶とその乗組員を抑留した場合、合理的な保証金の支払または合理的な他の保証の提供があれば、船舶と乗組員を「速やかに」釈放しなければならないと定め（排他的経済水域における生物資源の管理等に係る法令違反について73条(2)、海洋環境に関する法令等の違反について226条(1)(b))、抑留国がこれらの規程を遵守しなかったと主張された場合について特別な手続を設けている（292条)。この手続は、「速やかな釈放（prompt release)」といわれる。

まずそのような問題は、紛争当事国が別途合意する裁判所に付託する。ただし、抑留の時から10日以内にその合意がなされない場合、乗組員釈放の問題は、抑留国が287条に基づき選択的に受諾した裁判所または海洋法裁判所に付託される。相互主義が成立しない場合には、被告となる国が選んだ裁判所に一方的付託を認める珍しい規定である。乗組員の救済を優先した人道的規定である。

付託された裁判所は抑留に係る申立てを「遅滞なく」取り扱う必要があり、抑留した国の当局は、裁判所の決定に「速やかに」従わなければならない（292条(1)、(3)、(4))。これは、船舶の拿捕と乗組員の抑留が時として非人道的な取扱いにつながるために、速やかな処理を促す規定である。

292条は、海洋法裁判所が取り扱ったサイガ号事件（Ⅰ、速やかな釈放）ではじめて適用された。当初は、速やかな釈放の制度は、仮保全措置の一種だと思われた。しかし、裁判所の判例によって船舶拿捕の裁判とは別個に行われ得る独立の裁判であり、それ自体がいわば本案であることが明らかになっている。もっとも、速やかな釈放の制度が利用できるのは上述のように不法漁業活動と海洋汚染行為を理由とする抑留に限られることから、これら以外を理由とする船舶の抑留があった場合は、船舶の釈放を求めて暫定措置の要請が行われることが少なくない（後述第4節**2**(3)の事件を参照)。この場合、実質的に速やかな釈放の制度に近くなるが、こういった形の暫定措置裁判の利用が望ましいのか、議論のあるところである。

このほか新しい点は、釈放に係る申立てについては、船舶の旗国または「これに代わるもの」に限って行うことができるとしたことである（同条(2)）。この条項は、条約交渉の過程で真摯な賛否の議論を経て採択されたもので、とくに商用の外国船舶または漁期中に遠洋で操業中の漁船が抑留によって被る不当な不利益が考慮された。船舶や乗組員の速やかな釈放に関する司法的手続は、本国または本社よりは現地の専門家に委任させるという外交的保護を意味するものといえる。今のところ、「これに代わるもの」が申立てを行った事案はない。

(3)　勧告的意見

国際司法裁判所の場合、勧告的意見を要請し得るのは、国連機関と専門機関に限られる（国連憲章96条）。海洋法裁判所については、上述のように国際海底機構からの要請に応じて、海洋法裁判所（海底紛争裁判部）が勧告的意見を示すことが明文で定められており（191条）、実際にこの規定に基づき、2011年に勧告的意見が示された（深海底活動責任事件）。

問題は、国際海底機構以外の国際機構が海洋法裁判所に勧告的意見を要請することができるのか、である。海洋法条約にも裁判所規程にも、こういった場合の勧告的意見について、明文の規定がなく、ITLOSが作成した内部規則である裁判所規則138条に、勧告的意見の手続に関する一般規定が置かれているだけである。

実際にこの問題は、2015年の西アフリカ地域漁業委員会事件勧告的意見で、激しく争われた。裁判所は、結論として、この裁判所規則138条の定めるように、国連海洋法条約に関係のある国際協定に基づき勧告的意見を要請することが許可される団体は勧告的意見を要請することができることを認めた。したがって、国際司法裁判所の場合と異なり、海洋法裁判所に勧告的意見を要請することができる団体は、特定されない。言い換えるなら、海洋法条約の目的に関係のある国際協定が許可すれば、いかなる団体でも勧告的意見を要請することができることになる。

とするとき、ある国による海洋法条約違反の行動に被害を受ける複数の国が、海洋法条約に関係のある国際協定を締結して国際機構を設立し、この国際機構に勧告的意見要請の権限を付与すれば、海洋法裁判所は勧告的意見を示すことができることになる。2022年に付託された気候変動事件に関する小島嶼諸国委員会からの勧告的意見要請は、2021年11月の２国間の同委員会設立条約に基づくものであり、そのような利用の仕方が現実化した、といえよう。

第４節　海洋法裁判所における海洋紛争の事例

国際海洋法裁判所が設置されて26年が過ぎた。付託された事件も32件となり(2023年５月時点)、その裁判の状況を見ると一定の傾向が見られる。ここでは、海洋法裁判所の利用のされ方についていくつかに分類して、資料的に整理した。なお、事件名に付された（　）の２つの数字は、前者が事件番号、後者が付託年である。

1　裁判手続

(1)　本案

i)　当初から海洋法裁判所に付託されたもの

メカジキ（第７号、2000年）

ルイザ号（第18号、2010年）

ノースター号（第25号、2015年）

インド洋海洋境界画定（第28号、2019年）

サン・パードレ・ピオ号（No. 2）（第29号、2019年）

ii)　当初附属書Ⅶ仲裁裁判所に付託され、のちに海洋法裁判所に付託されたもの

サイガ号（No. 2）（第２号、1998年）

ベンガル湾（第16号、2009年）

バージニアＧ号（第19号、2011年）

大西洋海洋境界画定（第23号、2014年）

ヒロイック・イドゥン号（No. 2）（第32号、2023年）

(2)　先決的抗弁

ノースター号（第25号、2015年）

インド洋海洋境界画定（第28号、2019年）

(3)　暫定措置

i)　海洋法裁判所に本案が付託されたもの（290条１項に基づく）

ルイザ号（第18号、2010年）

大西洋海洋境界画定（第23号、2014年）

ii)　附属書Ⅶ仲裁裁判所に本案が付託されたもの（290条５項に基づく）

ミナミマグロ（第３号・第４号、1999年）

MOX工場（第10号、2001年）

ジョホール海峡埋立（第12号、2003年）

リベルタード号（第20号、2012年）

アークティック・サンライズ号（第22号、2013年）

エンリカ・レクシー号（第24号、2015年）

ウクライナ軍艦抑留（第26号、2019年）

サン・パードレ・ピオ号（第27号、2019年）

(4)　速やかな釈放

サイガ号（第１号、1998年）

カモコ号（第５号、2000年）

モンテ・コンフルコ号（第６号、2000年）

グランド・プリンス号（第８号、2001年）

チャイシリ・リーファー号（第９号、2002年）、後に取り下げ

ヴォルガ号（第11号、2002年）

ジューノ・トレイダー号（第13号、2004年）

豊進丸（第14号、2007年）

富丸（第15号、2007年）

ヒロイック・イドゥン号（第30号、2022年）

(5)　勧告的意見

深海底活動責任（第17号、2010年）

西アフリカ地域漁業委員会（第21号、2013年）

気候変動（第31号、2022年）

(6)　海底紛争裁判部と特別裁判部

i)　海底紛争裁判部

深海底活動責任（第17号、2010年）

ii） 特別裁判部

メカジキ（第7号、2000年）：当事国の要請

大西洋海洋境界画定（第23号、2014年）：当事国の要請

インド洋海洋境界画定（第28号、2019年）：当事国の要請

ヒロイック・イドゥン号（No. 2）（第32号、2023年）：当事国の要請

2 請求目的

(1) 損害賠償

サイガ号（No. 2）（第2号、1998年）

バージニアG号（第19号、2011年）

ルイザ号（第18号、2010年）

ノースター号（第25号、2015年）

サン・パードレ・ピオ号（No. 2）（第29号、2019年）

(2) 海洋境界画定

ベンガル湾（第16号、2009年）

大西洋海洋境界画定（第23号、2014年）

インド洋海洋境界画定（第28号、2019年）

(3) 船舶の釈放（速やかな釈放の事件を除く）

サイガ号（No. 2）（第2号、1998年）：暫定措置

ルイザ号（第18号、2010年）：暫定措置

リベルタード号（第20号、2012年）：暫定措置

アークティック・サンライズ号（第22号、2013年）：暫定措置

エンリカ・レクシー号（第24号、2015年）：暫定措置

ウクライナ軍艦抑留（第26号、2019年）：暫定措置

サン・パードレ・ピオ号（第27号、2019年）：暫定措置

3 紛争のおもな原因となった事項

(1) 漁業活動・海洋生物資源の保存

ミナミマグロ（第3号・第4号、1999年）

カモコ号（第5号、2000年）

モンテ・コンフルコ号（第6号、2000年）

メカジキ（第7号、2000年）

グランド・プリンス号（第8号、2001年）

チャイシリ・リーファー号（第9号、2001年）

ヴォルガ号（第11号、2002年）

ジューノ・トレイダー号（第13号、2004年）

豊進丸（第14号、2007年）

富丸（第15号、2007年）

西アフリカ地域漁業委員会（第21号、2013年）

⑵　環境保護

MOX工場（第10号、2001年）

ジョホール海峡埋立（第12号、2003年）

深海底活動責任（第17号、2010年）

気候変動（第31号、2022年）

⑶　燃料供給（バンカァリング）

サイガ号（第1号、1998年）

サイガ号（No. 2）（第2号、1998年）

バージニアG号（第19号、2011年）

ノースター号（第25号、2015年）

⑷　犯罪行為（環境汚染、不法漁業を除く）

ルイザ号（第18号、2010年）

アークティック・サンライズ号（第22号、2013年）

エンリカ・レクシー号（第24号、2015年）：暫定措置

ノースター号（第25号、2015年）

サン・パードレ・ピオ号（第27号、2019年）：暫定措置

ヒロイック・イドゥン号（No. 2）（第32号、2023年）

参考文献

【全般的なもの】
横田喜三郎『海の国際法・上巻』（有斐閣、1959年）
小田滋『海の国際法・下巻』（増訂版）（有斐閣、1969年）
海洋法研究会〔編〕『海洋法の研究』１～３号（1975～1976年）
小田滋『注解国連海洋法条約・上巻』（有斐閣、1985年）
栗林忠男『注解国連海洋法条約・下巻』（有斐閣、1994年）
山本草二＝杉原高嶺〔編〕『海洋法の歴史と展望』（有斐閣、1986年）
高林秀雄『領海制度の研究』（第３版）（有信堂、1987年）
小田滋『海洋法の源流を探る』（有信堂、1989年）
山本章二『海洋法』（三省堂、1992年）
林久茂＝山手治之＝香西茂〔編〕『海洋法の新秩序』（東信堂、1993年）
林久茂『海洋法研究』（日本評論社、1995年）
水上千之『日本と海洋法』（有信堂、1995年）
高林秀雄『国連海洋法条約の成果と課題』（東信堂、1996年）
国際法学会〔編〕『日本と国際法の100年　第３巻　海』（三省堂、2001年）
桑原輝路『海洋国際法入門』（信山社、2002年）
水上千之〔編〕『現代の海洋法』（有信堂、2003年）
栗林忠男＝杉原高嶺〔編〕『海洋法の歴史的展開』（有信堂、2004年）
水上千之『海洋法——展開と現在』（有信堂、2005年）
栗林忠男＝秋山昌廣〔編〕『海の国際秩序と海洋政策』（東信堂、2006年）
栗林忠男＝杉原高嶺〔編〕『海洋法の主要事例とその影響』（有信堂、2007年）
林司宣『現代海洋法の生成と課題』（信山社、2008年）
村瀬信也＝江藤淳一〔編〕『海洋境界画定の国際法』（東信堂、2008年）
山本草二〔編〕『海上保安法制——海洋法と国内法の交錯』（三省堂、2009年）
栗林忠男＝杉原高嶺〔編〕『日本における海洋法の主要課題』（有信堂、2010年）
日本海事センター〔編〕栗林忠男監修『海洋法と船舶の航行』（改訂版）（成山堂書店、2010年）
田中則夫『国際海洋法の現代的形成』（東信堂、2015年）

【第１章】総論
栗林忠男「国連第３次海洋法会議におけるコンセンサス方式の意義」『法学研究』（慶応大学）56巻３号（1983年）
古賀衞「海洋法条約交渉手続の特徴とその影響」『国際法外交雑誌』84巻３号（1985年）
中村洸「国連海洋法条約に対する一方的宣言——署名時の解釈宣言ないし留保に関連して」『国際法外交雑誌』83巻６号（1985年）
水上千之「国連海洋法条約、国家実行および国際慣習法」『明治学院大学法学研究』81号（2007

年）
奥脇直也「日本における海洋法——海洋権益保護と国際協力のイニシアティブ」『ジュリスト』1387号（2009年）
明石欣司「『着弾距離』説と『海帯』観念の関係——17世紀オランダの国家実行を主たる題材として」『法学研究』（慶応大学）88巻6号（2015年）
古賀衞「海洋法における正義」『世界法年報』34号（2015年）

【第2章】領海と接続水域

中村洸「領海の幅に関する最近の動向について」『法学研究』（慶応大学）45巻2号（1971年）
杉原高嶺『海洋法と通航権』（日本海洋協会、1991年）
水上千之「わが国の領海制度(1)・(2)」『広島法学』16巻3号、17巻1号（1993年）
村上暦造「接続水域」『世界法年報』17号（1998年）
水上千之「接続水域における規制」『広島法学』27巻4号（2004年）
村上暦造『領海警備の法構造』（中央法規出版、2005年）
真山全「領海にある外国軍艦に対する強力的措置に関する覚書」『国際安全保障』35巻1号（2007年）
佐古田彰「無害通航制度における沿岸国の権利と義務」島田征夫＝古谷修一〔編〕『国際法の新展開と課題』（信山社、2009年）
松山健二「無害通航を行わない外国船舶への対抗措置に関する国際法上の論点——軍艦を中心に」『レファランス』732号（2012年）
島田征夫「領海の幅員について」『開国後日本が受け入れた国際法』（成文堂、2013年）
西本健太郎「海洋管轄権の歴史的展開(1)〜(6)」『国家学会雑誌』125巻5＝6号・7＝8号・9＝10号・11＝12号（2012年）、126巻1＝2号・3＝4号（2013年）
佐藤教人「領海における外国公船に対する執行措置の限界」『同志社法学』66巻4号（2015年）

【第3章】内水、島、群島水域

中村洸「歴史的湾又は歴史的水域の法理(1)・(2)・(3)」『法学研究』（慶応大学）第29巻6・11号（1956年）、30巻7号（1957年）
大平善梧「瀬戸内海の法的地位——紀伊水道における海上衝突に関する管轄権」『青山法学論集』14巻4号（1973年）
佐藤栄一「領海・12海里——基線は原則として低潮線」『時の法令』974号（1977年）吉井淳「直線基線の相対性と客観性」『摂南法学』13号（1995年）
水上千之「内水における外国船舶の法的地位」『広島法学』18巻4号（1995年）
芹田健太郎『島の領有と経済水域の境界画定』（有信堂、1999年）
深町公信「群島航路帯通航権と航路帯の指定」『関東学園大学法学紀要』12巻1号（2002年）
鳥谷部壌「国際河川委員会における国境水紛争処理制度の意義と課題(1)・(2)・(3)——アメリカカナダIJCの実践を手掛りに」『阪大法学』63巻5号・6号、64巻1号（2014年）
西本健太郎「南シナ海における中国の主張と国際法上の評論」『法学』78巻3号（2014年）
林司宣「島の海域と海面上昇」『島嶼ジャーナル』2巻1号（2014年）

【第４章】国際海峡
小山佳枝「北極海をめぐる国際法上の諸問題」『法学研究』（慶応大学）84巻11号（2011年）
和仁健太郎「武力紛争時における国際海峡の法的地位：通過通航権制度と海戦法規・中立法規との関係」『海洋政策研究』2014年特別号（2014年）
坂元茂樹『国際海峡』（東信堂、2015年）

【第５章】排他的経済水域
栗林忠男「排他的経済水城・大陸棚の境界画定に関する国際法理――東シナ海における日中間の対立をめぐって」『東洋英和大学院紀要』２号（2006年）
水上千之『排他的経済水域』（有信堂、2006年）
三好正弘「排他的経済水域における調査活動」『日本における海洋法の主要課題』（2011年）
森川幸一「EEZ内での外国船舶による海洋調査活動への対応――国内法整備の現状と課題」『海洋権益の確保に係る国際紛争事例研究』３号（2012年）
石井由梨佳「排他的経済水域における石油及び燃油の瀬取りに対する沿岸国の管轄権」浅田正彦他編著『現代国際法の潮流Ⅰ』（東信堂、2020年）
下山憲二「海洋構造物の法的地位と規制措置に関する一考察」『日本海洋政策学会誌』第５号（2015年11月）
和仁健太郎「海洋の科学的調査法制及び海洋構築物法制と国際法」『国際問題』674号（2018年９月）

【第６章】大陸棚
高林秀雄「大陸棚制度と慣習国際法――北海大陸棚事件判決に関連して」『龍谷法学』２巻２・３・４号（1970年）
佐藤任弘『深海底と大陸棚』（共立出版、1981年）
兼原敦子「大陸棚の境界画定における衡平の原則――慣習国際法の形成過程の視点に基づいて(1)・(2)・(3)」『国家学会雑誌』101巻７＝８号・９＝10号・11＝12号（1988年）
江藤淳一「海洋境界画定における関連事情の考慮――判例を通じた客観化の過程」『国際法外交雑誌』107巻２号（2008年）
三好正弘「海洋境界画定の判例に見る法理」『国際法外交雑誌』107巻２号（2008年）
古賀衞「大陸棚の延伸をめぐる手続的諸問題」『西南学院大学法学論集』42巻３・４号（2010年）
長岡さくら「大陸棚限界委員会への延長申請と第三国の対応」『駿河台法学』24巻１＝２号（2010年）
古賀衞「大陸棚限界委員会の活動と機能――国際機関による海洋法の発展」『国際法外交雑誌』112巻２号（2013年）
中島明里「大陸棚鉱物資源の二国間共同開発」『法学新報』120巻９＝10号（2014年）

【第７章】公海
飯田忠雄『海賊行為の法律的研究』（海上保安研究会、1967年）
水上千之『船舶の国籍と便宜置籍』（有信堂、1994年）

水上千之「公海上の無国籍船に対する刑事管轄権行使——アメリカの麻薬取締りに関連して」『明治学院大学法律科学研究所年報』22号（2006年）
水上千之「公海における無国籍船の取締り——アメリカの麻薬取締りに関する判例を中心に」『明治学院大学法学研究』79号（2006年）
高井晉「ソマリア沖の現代海賊問題の法的側面」『防衛法研究』33号（2009年）
中谷和弘「海賊行為の処罰及び海賊行為への対処に関する法律」『ジュリスト』1385号（2009年）
西村弓「マラッカ海峡およびソマリア沖の海賊・海上武装強盗問題」『国際問題』583号（2009年）
森川幸一「海賊取締りと日本法——海賊対処法制定の意義と背景」『国際問題』583号（2009年）
浅田正彦「九州南西海域不審船事件と日本の対応——継続追跡の問題を中心に」『日本における海洋法の主要課題』（有信堂、2010年）
森田章夫「国際法上の海賊（Piracy *Jure Gentium*）——国連海洋法条約における海賊行為概念の妥当性と限界」『国際法外交雑誌』110巻２号（2011年）
鶴田順編『海賊対処法の研究』（有信堂、2016年）

【第８章】深海底
高林秀雄『海洋開発の国際法』（有信堂、1977年）
鷲見一夫他『深海海底資源と国際法』（明星大学出版部、1979年）
井口武夫「深海底開発に関する新国際法の形成とその法的諸問題——内外の諸学説に基づく考察」『東海法学』12号（1994年）
田中則夫「国連海洋法条約第11部実施協定の採択」『世界法年報』15号（1996年）
古賀衞「深海底制度の今日」『西南学院大学法学論集』32巻２・３号（2000年）
本田悠介「国家管轄権外区域における遺伝資源へのアクセスと国連海洋法条約」『日本海洋政策学会誌』４号（2014年）

【第９章】漁業資源の保存と管理
小田滋『海の資源と国際法Ⅱ』（有斐閣、1972年）
「特集　みなみまぐろ仲裁裁判事件」『国際法外交雑誌』100巻３号（2001年）
林司宣「国際漁業法の新展開と公海の自由」『国際法外交雑誌』102巻２号（2003年）
兼原敦子「現代公海漁業規制における旗国主義の存立根拠」『立教法学』75号（2008年）
坂元茂樹「公海漁業の規制と日本の対応——IUU 漁業をめぐって」『日本における海洋法の主要課題』（有信堂、2010年）
水上千之「捕鯨問題と日本」『日本における海洋法の主要課題』（有信堂、2010年）
深町公信「公海漁業の規制——IUU 漁業をてがかりとして」『国際法外交雑誌』112巻２号（2013年）
奥脇直也「捕鯨裁判の教訓」『日本海洋政策学会誌』４号（2014年）
坂元茂樹「地域漁業管理機関の機能拡大が映す国際法の発展」秋葉・村瀬編『国際法の実践——小松一郎大使追悼』（信山社、2015年）

児矢野マリ編『漁業資源管理の法と政策』(信山社、2019年)
佐古田彰「【資料】国際海洋法裁判所『西アフリカ地域漁業委員会事件』2015年4月2日勧告的意見(一)(二・完)」『商学討究(小樽商科大学)』66巻2・3合併号(2015年)・66巻4号(2016年)

【第10章】海の安全保障

日本国際問題研究所〔編〕『海洋の科学的調査と海洋法上の問題点』(1999年)
田中則夫「排他的経済水域における軍事演習の規制可能性」『EEZ内における沿岸国管轄権をめぐる国際法及び国内法上の諸問題』(日本国際問題研究所、2000年)
林司宣「排他的経済水域の他国による利用と沿岸国の安全保障」『国際安全保障』35巻1号(2007年)
林司宣「船舶・港湾の国際テロ対策——米国の一方的規制と多国間主義」『早稲田大学社会安全政策研究所紀要』1号(2009年)
奥脇直也「海上テロリズムと海賊」『国際問題』583号(2009年)
鶴田順「改正SUA条約とその日本における実施——『船舶検査手続』と『大量破壊兵器等の輸送』に着目して」『日本における海洋法の主要課題』(有信堂、2010年)
安保公人「海洋の安全保障と国益保全——国際法を交えて考える問題点と対策」『防衛法研究』35号(2011年)
吉田靖之『海上阻止活動の法的諸相』(大阪大学出版会、2016年)
黒崎将大他編著『防衛実務国際法』(弘文堂、2021年)
奥脇直也「海洋と人権」松井芳郎他編著『21世紀の国際法と海洋法の課題』(東信堂、2016年)
中谷和弘「境界未画定海域における一方的資源開発と武力による威嚇」柳井俊二他編『国際法の実践』(信山社、2015年)

【第11章】海洋環境の保護

加々美康彦「国際海事機関による海洋保護区の構想」『海洋政策研究』9号(2011年)
富岡仁「1992年のバルト海区域の海洋環境の保護に関する条約」『名経法学』31号(2012年)
薬師寺公夫「国連海洋法条約と海洋環境保護——越境海洋汚染損害への対応」『国際問題』617号(2013年)
児矢野マリ「日本と中国を含む北東アジア地域の環境問題の解決のため、国際法は役に立つのか——国際法、国際法学の限界と可能性」『北大論集』65巻6号(2015年)
吉田千枝子「海洋保護区の国際法上の位置づけについて——チャゴス諸島海洋保護区に関する仲裁裁判(モーリシャス対英国)を題材に」『上智法学論集』58巻3＝4号(2015年)
薬師寺公夫「深海底活動に起因する環境汚染損害に対する契約者と保証国の義務と賠償責任」松井ほか編『21世紀の国際法と海洋法の課題』(東信堂、2016年)
坂元茂樹「閉鎖海又は半閉鎖海に面する沿岸国の協力義務」『同志社法学』69巻4号(2017)年
富岡仁『船舶汚染規制の国際法』(信山社、2018年)
加々美康彦「国家管轄権外区域の海洋保護区」『国際法外交雑誌』117巻1号(2018年)

本田悠介「海洋法における『持続可能な開発』概念の展開」『世界法年報』38号（2019年）
佐古田彰「南シナ海事件（フィリピン対中国）国連海洋法条約附属書Ⅶ仲裁裁判所本案判決」『環境法研究』45号（2020年）
繁田泰宏・佐古田彰編集代表『ケースブック国際環境法』（東信堂、2020年）
瀬田真「BBNJ 新協定における海洋環境影響評価制度」坂元茂樹ほか編『国家管轄権外区域に関する海洋法の新展開』（有信堂、2021年）

【第12章】紛争解決

水上千之「仲裁裁判と司法裁判――海洋紛争を中心として」『明治学院大学法学研究』83号（2007年）
奥脇直也「海洋紛争の解決と国連海洋法条約――東アジアの海の課題」『国際問題』617号（2013年）
柳井俊二「国際海洋法裁判所の特徴と最近の判例」『中央ロー・ジャーナル』10巻（2013年）
河野真理子「管轄権判決と暫定措置命令から見た国連海洋法条約の下での強制的紛争解決制度の意義と限界」柳井俊二・村瀬信也編『国際法の実践（小松一郎大使追悼）』（信山社、2015年）
兼原敦子「ITLOS　大法廷が勧告的意見を出す管轄権の根拠」松井ほか編『21　世紀の国際法と海洋法の課題』（東信堂、2016年）
田中嘉文「国際海洋法裁判所暫定措置における緊急性の要請」『一橋法学』17巻３号（2018年）
玉田大「国連海洋法条約の紛争解決手続における客観訴訟の可能性」芹田他編『実証の国際法学の継承：安藤仁介先生追悼』（信山社、2019年）
佐古田彰「国連海洋法条約290条５項における『一応の管轄権』の基準」『西南学院法学』52巻２号（2019年）

索　引

ア　行

カ　行

サ　行

タ　行

ナ　行

ハ　行

マ　行

ヤ　行

ラ　行

ワ　行

アルファベットの略語

旧版執筆者紹介　＊＝編者　・所属は執筆当時のもの

第１版＝『海洋法テキストブック』2005年（50音順）

河野真理子（かわの・まりこ）早稲田大学教授…………第10、11章
古賀　衞（こが・まもる）西南学院大学教授……………第９章
＊島田征夫（しまだ・ゆきお）早稲田大学教授……………第２、３、４章
朴 椿 浩（パク・チュンホ）国際海洋法裁判所判事……第14章
葉室和親（はむろ・かずちか）千葉大学教授……………第６章
＊林　司宣（はやし・もりたか）早稲田大学教授…………第１、８、12、13、15章
古谷修一（ふるや・しゅういち）早稲田大学教授………第５章
三好正弘（みよし・まさひろ）愛知大学教授……………第７章

第２版＝『国際海洋法』2010年（執筆順）

第２版は、『海洋法テキストブック』を改名し、章を組み替えた。
第１章、第４章、第５章、第６章、第11章　同じ。
第２章→第３章、第３章→第２章
第７章（国家間の海域画定）→各章に分割、
第８章、第９章、10章→第７章、第８章、第９章
第10章（海の安全保障）→新設
第12章（科学的調査と技術協力）、第13章（一般原則規定と海中遺産）、
第15章（条約の適用と締約国会議）は廃止して一部を各章に組み入れた。

＊林　司宣（はやし・もりたか）早稲田大学名誉教授……第１、７、８、９、10章
＊島田征夫（しまだ・ゆきお）早稲田大学教授……………第２、３、４、６、11章
萬歳寛之（ばんざい・ひろゆき）早稲田大学准教授……第５章
古賀　衞（こが・まもる）西南学院大学教授……………第12章

第３版＝『国際海洋法〔第二版〕』2016年

林　司宣（はやし・もりたか）早稲田大学名誉教授……第１、７、８、９、10章
島田征夫（しまだ・ゆきお）早稲田大学名誉教授………第２、３、４、６、11章
古賀　衞（こが・まもる）西南学院大学教授……………第５、12章

著者紹介（執筆順）

島田征夫（しまだ・ゆきお）早稲田大学名誉教授 ……………………………第１、２、３章
下山憲二（しもやま・けんじ）海上保安大学校教授 …………………………第４、５、10章
古賀　衛（こが・まもる）西南学院大学名誉教授 ……………………………第６、７、８章
佐古田彰（さこた・あきら）西南学院大学教授 ………………………………第９、11、12章

国際海洋法〔第三版〕

2010年10月12日　初　版　第１刷発行
2016年５月26日　第二版　第１刷発行
2023年７月14日　第三版　第１刷発行

〔検印省略〕

著者©島田征夫・古賀　衛
　　佐古田彰・下山憲二／発行者　髙橋明義

印刷・製本／亜細亜印刷

東京都文京区本郷１－８－１ 振替 00160-8-141750
〒113-0033　TEL（03）3813-4511
FAX（03）3813-4514
http://www.yushindo.co.jp
ISBN978-4-8420-4068-4

発　行　所
株式会社 有信堂高文社

Printed in Japan

- 国際海洋法〔第三版〕　島田・古賀 佐古田・下山 著　二八〇〇円
- 海賊対処法の研究　鶴田順編　三〇〇〇円
- 海洋法の源流を探る　小田滋著　七〇〇〇円
- 船舶の国籍と便宜置籍　水上千之著　六〇〇〇円
- 日本と海洋法　水上千之著　三八〇〇円
- 島の領有と経済水域の境界画定　芹田健太郎著　五〇〇〇円
- 現代の海洋法　水上千之編　三〇〇〇円
- 海洋法—展開と現在　水上千之著　四〇〇〇円
- 排他的経済水域　水上千之著　六〇〇〇円
- 海洋法の歴史的展開　現代海洋法の潮流　第一巻　栗林忠男 杉原高嶺 編　六五〇〇円
- 海洋法の主要事例とその影響　現代海洋法の潮流　第二巻　杉原高嶺 栗林忠男 編　六五〇〇円
- 日本における海洋法の主要課題　現代海洋法の潮流　第三巻　栗林忠男 杉原高嶺 編　八〇〇〇円
- 国家管轄権外区域に関する海洋法の新展開　現代海洋法の潮流　第四巻　坂元・薬師寺 植木・西本 編　九六〇〇円
- 国際環境法における事前協議制度　児矢野マリ著　六六〇〇円
- 国際環境法講義〔第2版〕　西井正弘 鶴田順 編　三〇〇〇円

★表示価格は本体価格（税別）

有信堂刊